Hideshi Yokoyama

地味を笑うな

平《ひら》野《の》佳《よし》寿《ひさ》

シアトル・マリナーズ

はじめに

なぜ僕が本を出すことになったのか？

それは、ある「変わったオファー」から始まった。

僕に本を書いてほしいという。

正直なところ、まったくピンと来なかった。野球人の本といえば、王貞治さんやイチローさん、松井秀喜さんのような「偉人」について作家さんが書いたものだとか、野村克也さんのご著書のような野球理論の本とか、監督としてチームを優勝に導いた方のマネジメント本とか、とにかく、自分とは縁のない世界のことだと思っていた。

そもそも僕はＳＮＳを使った情報発信ですらまともにやっていない。自分の身に起きたことや、そのときの思いなどは、ほとんど伝えたことがないと言っていい。だから、それを知りたいという人もいないのではないか……。

まったくイメージが湧かないまま、最初の打ち合わせの席に向かうと、担当編集者がきまりわるそうにしながら詳細な企画書を渡してくれた。

「いや、タイトル候補であり、侍ジャパンのメンバーとしてワールド・ベースボール・クラシック（ＷＢＣ）を経験され、誰もが憧れるメジャーリーグで大活躍されている、そんな平野投手に対して使う言葉でないのは、重々わかっているのですが……」

パッと見た瞬間、目に飛び込んで来たのは次のようなフレーズだった。

地味を笑うな！
地味を恥じるな！
地味を誇れ！

そう、その企画書に書いてある本のテーマは「地味」だった。

そのときの編集者の表情があまりにも「申し訳ない！」という感じだったので、逆におかしくなってしまった。

僕は別に怒りもしなければ、悲しみもしない。なるほどなあ……と納得し、むしろ愉快だった。なぜなら僕は、自分が地味であることを自覚しているからだ。

早いもので、2020年シーズンで日米通算プロ入り15年目になる。中学までは軟式で、高校時代は（甲子園のマウンドには立ったけれど）エースではなかった。大学時代は全国区とはいえない関西六大学野球が舞台だったし、プロ入り先は阪神タイガースの陰に隠れがちなパ・リーグのオリックス・バファローズ。

プロ入り直後は先発投手だったが、ケガや病気もあって2010年からは中継ぎに回った。8年目にクローザーとして起用されることになったが、それより前の7年間は「エース」と呼ばれることも「守護神」と呼ばれることもなかった。

そしてMLBで入団したのはアリゾナ・ダイヤモンドバックス。過去に日本人で所属したのは斎藤隆さんただひとり。多くの日本人にとってはなじみのないチームだろう。

もちろんこれだけ長くやっていれば、目立った出来事も多少はある。しかし、こうして自分の経歴をかえりみると、我ながら本当に地味である。

僕は自分のキャリアも言動も地味であることを自覚していて、しかもそれをけっこう肯定的にとらえている。

ところが一般的には、地味であることを否定的にとらえる傾向があるように思う。

この本の目的は、僕のこれまでの野球人生において、その節目節目にどのようなことがあり、なにを考えて、どう行動してきたかを知ってもらうことで、**「地味」であることの素晴らしさを多くの人に伝えることだ。**

多くの人にとってその具体的な事例が参考になるはずだし、地味な自分に劣等感を持っている人にとっては、勇気と自信を与えるバイブルになる――と、出版社からの企画書には書いてあった。

そうであるのならば、たしかに意義があるかもしれない。

でも、正直なところ僕の野球人生を振り返ったところで、そんなパワーがあるものになるだろうか……と疑問に思った。すると編集者が「そこは心配しなくても大丈夫です」と背中を押してくれた。

あまり自信はないのだが、僕のモットーは「求められたらやりとげるのがプロ」だ。求めてくれるのであれば……。

こうして僕は、生まれてはじめての本を出すことになったのだ。

目次

笑うな

第2章 どこにでもいる少年がプロ野球選手になるまで

地味を

第3章

第4章

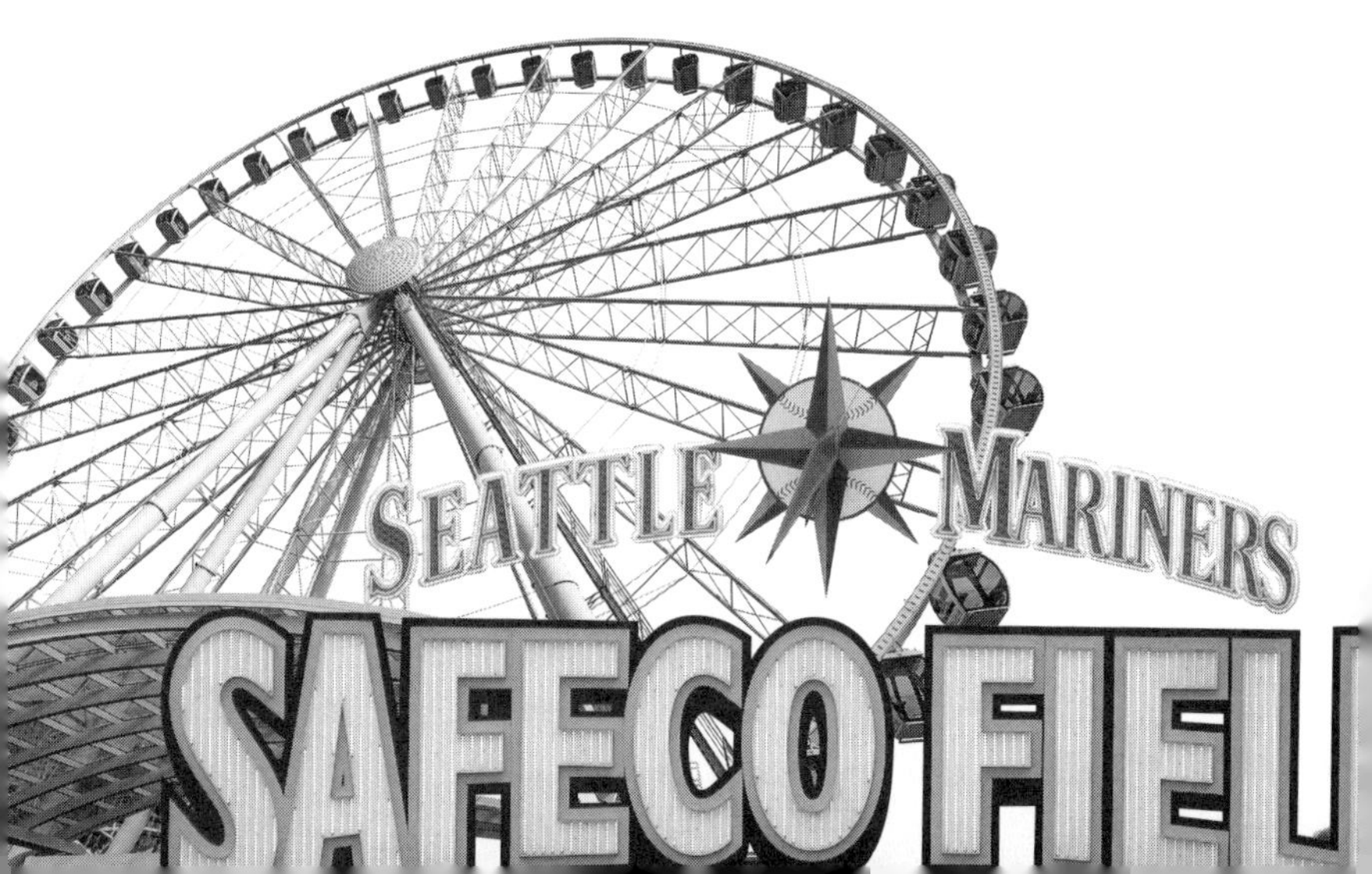
SEATTLE MARINERS
SAFECO

DARE FORTH
Broadway & Denny

［第1章］

タフネス右腕が語る「地味論」

地味な僕でも世界が認めてくれた

僕の「地味論」を展開していくその前に……。

「自分のことを地味だ地味だと言っているが、野球人の多くが憧れるメジャーリーグのマウンドに立っていて、地味もなにもないだろう」

そんな声があるかもしれない。たしかにそのとおりだ。

まず地味を自認する僕が、いまどの地点にいるのか、実は意外と派手なのかもしれないということから書いておくことにする。こういう話は僕の性格的に苦手なので、はじめに片付けてしまおうと思うのだ。

オリックス時代の11年間では、２０１１年に72試合で最多登板、49ホールドポイントで最優秀中継ぎ投手のタイトルを獲得した。

これは同年の43ホールドとともに当時のリーグ新記録であり、それをたたえてパ・リーグから特別表彰も受けた。

クローザーだった2014年は、40セーブで最多セーブ賞のタイトルを獲得。これもまた当時のリーグ記録であり、2度目のパ・リーグ特別表彰の栄誉にあずかった。オールスターゲーム出場は6回。はじめの3回は監督推薦だったが、後半の3回はファン投票で選んでもらった。

2017年春に行われたWBCでは日本代表「侍ジャパン」のメンバーに選出され、チーム最多となる6試合に登板した。

その年のオフ、メジャーリーグ移籍を視野に入れて海外FAを申請。自分としては、獲得希望球団があるのかどうか、半信半疑の部分もあったが、WBCでの投球内容が評価されたとのことで、アリゾナ・ダイヤモンドバックスと2年契約を結んだ。

メジャー1年目の2018年は、リリーフのみでナ・リーグ5位タイの75試合に登板し、66・1回を投げた。これは日本人メジャーリーガーとしては最多登板記録だ。最終的には、4勝3敗32ホールド3セーブをマークした。防御率は2・44、WHIP（投球回あたりの与四球・被安打数の合計値。1・20未満ならエース級とされる）は1・09と、全体として自分でも納得できる成績を残すことができた。オフには、全米野球記者協会のアリゾナ支部が「ダイヤモンドバックス新人王」に選んでくれた。

2年目の2019年は故障もあって、53・0回を投げて5勝5敗1セーブ15ホールド。防御率は4・75、WHIP1・38と前年より成績を下げてしまった。

それでも5月30日には通算100登板を記録。この年も最終的に62試合に登板し、メジャー通算の登板数は137にまで伸びた。刻一刻と変わる試合展開の中で、誰かがマウンドに上がり、イニングを進めなければならない。それは必ずしもスポットライトが当たる場面ばかりではないが、地道に自分の役割を果たしてきた。

ダイヤモンドバックスとの2年契約が終了した2019年のオフには、シアトル・マリナーズが翌年36歳になるリリーフ投手にメジャー契約を提示してくれた。

マリナーズといえば、オリックスの先輩であるイチローさんが長く在籍し、佐々木主浩さん、城島健司さんら、過去たくさんの日本人選手が所属し、2019年からは菊池雄星くんも頑張っている。ダイヤモンドバックスに比べると、シアトル・マリナーズは、日本のみなさんにとっては遥かになじみがあると思う。そして、僕が希望した背番号は「6」。過去の日本人メジャーリーガーで、このひと桁の番号を背中につけた人はいないというので、個人的な関心もあり、コーチがつけていた番号を譲っていただいた。それはとても名誉あることだと思うし、その期待に応えられるよう懸命に投げるつもりだ。

さて、どうだろう。こうして振り返ってみると、自分でも意外と派手な野球人生を送ってきたとちょっと思ったりもする。

でも、どんなに経歴が派手でも、やっぱり僕は地味な存在なのだろうなあとも思う。もはやそれはキャラクターであり、存在感であり、極論すれば「生き方」、「人生観」なのかもしれない。

なぜ派手な人は輝いているのか

「地味」の反対は「派手」だ。華やかで人目をひき、目立つこと。なぜそうなるのかといえば、それは他《た》を圧倒するぐらい優れているからだ。

野球の世界にもスーパースターがいる。いまのMLBの投手でいえば、2019年にアストロズで20勝をマークしたゲリット・コール（ヤンキース）や、同じく21勝でア・リーグのサイ・ヤング賞に輝いたジャスティン・バーランダー（アストロズ）。あとはジェイコブ・デグロム（メッツ）、マックス・シャーザー（ナショナルズ）、マルコ・ゴンザレス

（マリナーズ）たちがド派手に輝きまくっている。

野手では、2019年オフに12年という超大型契約を結んだMVPとシルバースラッガー賞の常連マイク・トラウト（エンゼルス）。やはり屈指の打撃力を誇るムーキー・ベッツ（ドジャース）やクリスチャン・イエリッチ（ブルワーズ）、それに2019年にイエリッチとの首位打者争いでわずかに後れを取ったクテル・マルテ（ダイヤモンドバックス）らは、文句なく燦然《さんぜん》と輝くスーパースターだ。

中には投打両方で光り輝く大谷翔平くんのような選手までいるのだから、笑ってしまう。

でも彼らスーパースターたちが、なぜ輝きを放っているのかをよく考えてみてほしい。彼らが圧倒的に優れているというのは、普通の地味な選手たちと比べて傑出しているということにほかならない。

もしも地味な選手たちがいなければどうだろう。たちまちスターたちはみんな普通の選手になってしまう。

もし100人の人がいて、100人とも派手だったら……。それはそれで誰の目もひかず、目立たない。派手でなくなってしまう。

たくさんの「地味」な人がいて、はじめて少数の「派手」な人の存在が浮き立ってくる。

考えてみれば、ごく当たり前の話だ。

派手を望んで地味な人、地味を望んで地味な人

ここで派手な人、地味な人、それぞれの気持ちを考えてみよう。

おそらく、派手な人は、「派手でありたい」と思って努力をして、運にも恵まれてその努力が実ったことで、派手な存在になれたというのが大半だと思う。

地味な人はどうだろう。こちらはいろいろなパターンがあるように思う。できれば派手な存在でありたいと望みながら、地味な存在に甘んじている場合もあるだろう。

それはそれでしかたない。世の中いつもいつも上手くいくことばかりではない。でも、地道にやっていれば、いつかチャンスがめぐってくるかもしれないので、そのときはぜひそれをつかんで、望みどおりの自分になってほしい。

あるいは、「派手な存在になりたい」と、漠然とした願望を抱きながら、その実、そのための努力はあまりしていないというケースもあると思う。怠けているだけの場合もある

だろうが、そうではなくて、努力できない深刻な理由があってのことかもしれない。

けっして恥じることはないけれど、ここまでのケースは、望んでいない境遇にいるという点で「地味であること」を残念だと感じる理由がある。

でも、地味な人が地味な存在でいる理由は、そういった「派手を望んでいる」場合に限らないと思うのだ。地味であることをみずから望み、地道な努力の積み重ねで、願いどおり地味な存在になれた場合だってあるはずだ。

その動機にもいろいろあるだろう。「目立つのが嫌い」という奥ゆかしい性格がそうさせることもあれば、目立たないところで黙々と働く「縁の下の力持ち」でありたい人もいるだろう。

個人プレーよりもチームプレーが好きで、自分を犠牲にして全体を調整するタイプの人もいるし、誰も好んではやらないけれど、誰かがやらなければならない仕事をコツコツと、たとえ誰からも評価されなくてもやりつづけている人だっているだろう。

あらためて、この本のテーマは「地味について」だ。

そこで、僕が一番に強調したいと思うのは、このように「みずから進んで地味な存在であろうとするのは尊い」ということ。「地道な努力の積み重ねによって、地味な仕事を黙々

とやるのは素晴らしい」ということだ。

それは、光り輝いているスターたちと比べても、なにひとつ劣るものではない。別に自分がそうだというわけではないけれど、地味のどこが悪い？　と問いたい。

あえて戦略として選ぶ地味路線

先に述べたように、はじめから地味を目指して地味である人も多い。それは生き方の戦略としても、有効だからだ。

ほかとの違いを強調して、圧倒的に目立たなければいけない少数派が「派手」。一方の「地味」は多数派でいてもいい。それだけでも少し気が楽だし、どういう方向性の「地味」かにもよるが、当然チャンスは多くなる。

たとえば野球のピッチャーでいえば、エースと呼ばれる先発投手の1番手は、チームにひとりだけ。メジャーリーグの場合、先発投手は中4日のローテーションが普通なので、各チームの先発投手はエースを含む5人だけだ。

一方、リリーフ投手の場合は、だいたい10人ぐらいが1軍のメンバーとして帯同している。つまり、「派手」で目立つ先発投手の2倍のチャンスがあるということになる（NPBの場合は少し状況が違う。先発投手が6人に対してリリーフ投手が7人ほどだから、あまりチャンスの差はないかもしれない）。

もっとも、リリーフ投手のうちのひとりは僅差のリードをしのぎきる「超派手」なクローザーであり、過酷な働きと圧巻のフィニッシュを期待される。その前を投げるセットアップマンもかなり派手な存在ではある。

僕がリリーフという比較的地味な仕事に「生きる道」を見つけたのは、オリックス時代のプロ5年目のことだった。自分の居場所をそこに確保し、その地位を少しずつ強固なものにして、結果として現在では同じ仕事をメジャーリーグでやっている。

でも正直な話、はじめからそこを目指したわけではなかった。入団して4年間はチームの絶対的な存在である「エース」になることを目指して、ケガで休んだ1年を除き、先発投手として3シーズン投げてきた。しかし、そこでいい結果を出すことができなかったからリリーフに回った。それが真実だ。

そのとき僕は、「いまに見ていろ、リリーフで結果を出して、もう一度エースの座に挑戦してやる」と、派手への再チャレンジを期するようなことはなかった。そうではなく、むしろ「よし、それなら中継ぎで地道にやっていこう」と思ったのだ。

自分が先発ピッチャーとして、エースとして認められる存在になれなかったのはもちろん悔しかった。しかし、それを引きずるのではなく、潔く切り換えて、現実的に目の前にあるチャンスをつかむことに集中した。

詳しいことはまたあとで述べるが、「派手から地味へ」と転向を勧めてくれた当時の岡田彰布監督の言葉に素直になれたのがよかった。

派手な存在に憧れることは悪いことではない。ただし、その成功確率が低いとわかっているのなら、**無理に背伸びをするよりも、自分の身の丈にあった堅実な選択をするのもひとつの生き方だ。**

あのとき、自分の方向性を変えたことがいまの自分につながっている。その結果、けっして「地味」の一言では片付けられないような活躍をすることができたのだ。

さて、ピッチャーのポジション争いを例としてあげたが、こうした「生存競争」というのは、野球に限らずどこにでも存在している。

ビジネスマンにもポストをめぐる「ポジション争い」はあると思う。そうでなくても、自分の持ち場とか、居場所を確保するために戦わなければならない局面はあるものだ。

進学や就職などの選抜試験もそうだし、ライバル会社とのシェア争いもそうだし、恋愛にもそういう要素があるかもしれない。

派手なスーパースターへの憧れはおいておいて、堅実な選択でチャンスをつかみ、自分が自分なりに輝ける場所を確保する。もしそれを「地味」というのであれば、どこにも恥じるところなどない。

楽して成功している派手な人なんていない

ここまでの話で、もしも「地味とは泥臭く地道な努力の積み重ね。一方、派手はほんの一部の選ばれた天才たちの世界」という印象を与えてしまったとしたら、それは僕の説明不足だ。なぜなら、**「派手」でいることもまた、大変な努力と労力が必要だからだ。**

現在では、NHK・BS1で夜11時から放送されている『ワースポ×MLB』などでメジャーリーグの試合もたくさん報道されるようになった。ありがたいことだ。

そこでメインに取り上げられるのは、言わずと知れた「派手」なスーパースターたち。限られた時間でのことなので、これはまあ当然のことだ。

先発したピッチャーが5回、6回と投げたあいだにどんな三振を奪ったか、どんな風に配球したかを丁寧に追っていく。

スタメンで出場する野手がいれば、4打席、5打席の内容を紹介する。そうすれば、どうしたってそれなりの時間が割かれることになる。

パイオニアとなった野茂英雄さんもそうだったし、松井秀喜さんやイチローさんもそうだった。いまであればマー君（田中将大）や大谷くんはスーパースターとしてたっぷり時間をかけて伝えられている。「天才」である彼らが、苦もなくその地位にあると思ったら、それは大いなる勘違いだろう。

ちなみに、僕の試合映像も流してもらえるが、その時間はだいたいにして短い。地味な中継ぎだから仕方がない。でも、不思議なのはビシッと抑えたときは数秒しか流れないのに、打たれて失点でもしたら、いつもよりずっと長い時間をかけて「平野が打たれた」と報じられる。アメリカでも大活躍された上原浩治さんが、「中継ぎや抑えは打たれないとニュースにならない」とおっしゃっていたがそのとおりだ。

ニュースでの僕の地味な扱いについてはいいとして、スーパースターたちの話に戻る。彼らがたぐいまれな強靱《きょうじん》な体と、才能に恵まれているのは事実だと思うが、それだけで成功をつかんだわけではない。

慢心してしまう人は、つかみかけたチャンスを簡単に手放してしまう。どんなに恵まれた資質を持っていても、努力なしでのぼりつめることなどできないし、ライバルたちを圧倒しつづけることもできない。

ひょっとしたら、彼らはゲーム開始直前にフラッとスタジアムにやってきて、パカーンとホームランをかっとばしたり、時速160キロの速球を投げたりして、颯爽《さっそう》と帰っていくのではないのか――そんなふうに思うかもしれない。しかし、そんなマンガみたいな話は、実際にはあり得ない。どんなトップ選手でも、早くからスタジアムに入って、黙々と自分のルーティーンを守って十分な準備をしている。シーズン中だって体調を整えるために、栄養に気を遣い、計画的なトレーニングも欠かさない。

もっといえば、1月から自主トレをはじめ、2月にはキャンプインして、シーズン開幕に備えるわけなので、シーズン中だけでなく、ほぼ一年中とてつもなく地味な調整と準備を行っている。どんなに派手に見えても、本当のところはかなり地味な世界にいるのだ。

もうひとつ思うのは、誰がどう見ても派手な世界に生きている人の中には、本来「地味な人」を目指していたのに、結果的に派手な存在になった場合もあり得るということだ。

たとえばイチローさん。恵まれた体格というわけではなく、卓越した技術と俊足を生かしてコツコツと安打を積み重ねていくプレースタイルは、ホームランと比べれば地味かもしれない。求道者のような性格からも、地味を望むタイプなのではないかと思う。

しかし、たぐいまれなる努力の結果、誰にも真似のできないバットコントロールを身につけ、本人は望まずとも、ド派手なスーパースターになった。

派手な世界で輝いているスーパースターは、そうは見えなくても人から見えないところで地味な努力を重ねている。

プロだから、それがあまり見えないのだ。プロとして当たり前のことすぎて、誰もそんなことをアピールしない。

笑ってしまうぐらい別次元のプレーをあっさりとやってのけるスーパースターたちを見ていると、住んでいる世界が違うとさえ思うけれど、彼らはけっして才能だけでやっているわけではない。

その点は勘違いしないでほしいし、どの世界でもそれは同じなのではないかと思う。

地味を笑う風潮がもたらした残念な現実

僕はあまりデジタルの世界のことは詳しくない。SNSで情報発信といったこともあまりやっていない。インスタグラムは開設（@yoshihirano66）しているけど、マネジメント会社の人にせかされてたまに更新している程度なのが正直なところだ。

だから、ニュースなどで「子供たちの憧れの職業はユーチューバー」なんていう話題を聞いても、「そうか、いまはスポーツ選手ではないのか」と思うぐらいだった。

ところが、なぜユーチューバーに憧れるのか、その理由は聞き流せなかった。

楽して有名になれて、
お金も稼げるから。

子供の口から出たその言葉を聞いて驚き、少し残念に思った。

「有名」や「お金」はまだいい。子供らしいストレートな感覚だと思うから。でも、なぜ子供たちが「楽をする」ことに憧れを抱くのだろう……そこには違和感があった。

もちろん、ほかのすべてのことと同じように、子供に罪はない。子供がやることは、大人たちの投影でしかない。そうした子供の価値観は、知らず知らずのうちに大人が植え付けているものだ。

僕らが子供のころはプロ野球選手と決まっていた。日差しを避けるためのキャップは、それぞれ自分が応援するプロ野球チームの野球帽が当たり前だった。

もう少し下の世代になると、今度はJリーガーを目指す子が増えてくる。

スポーツだけでなく、音楽や勉強や読書に没頭する子もいたし、みんなが夢を見ていたように思う。

たとえば夢中になって読んだマンガでも、「努力すれば夢は叶う」ことを教えてくれるものが多かった。

プロ野球選手はたしかに有名でお金も稼いでいたのだろう。無意識にそういうことにも憧れが向いていたかもしれないが、あの時代の子供たちが「有名・お金」のためにプロ野球選手を夢見たとは思えない。「楽して」ではなく、「好きなことをして」という意味はあったと思う。少なくとも、努力をしないことを肯定的にとらえることはなかった。

先にも書いたとおり、子供たちが「楽して有名になれてお金も稼げる」ということを目指したいと思うのであれば、それは間違いなく世の中の大人たちの価値観がそうなっていることを意味している。

地道な努力を重視しない。

その過程で成長していくことの価値を認めない。

そんな**地味を笑う風潮が、「楽して儲ける」のを理想とする心の貧しさを生み出しているのだと思う。**

僕は、それが少し残念なのだが、そんな感覚は時代遅れなのだろうか。

ところで、僕は子供たちが言うほど人気ユーチューバーが楽な仕事だとは思わない。多くの人に見てもらい、楽しんでもらうためには、相当な努力をしているはずだからだ。

お笑い芸人でもミュージシャンでも、その道のプロとして「派手」な活躍をしている人たちに限って、見えないところで努力と準備を怠らずにやっているはず。それもやはりどの世界でも同じだと思う。

長距離砲だけの打線は投げやすい

メジャーリーグで投げていると、日本のプロ野球の技術レベルの高さを再認識する部分もあるけれど、やはりバッターのパワーの違いには驚かされる。

さらに情報戦というか、最新の機器や分析術を駆使してピッチャーを丸裸にし、攻略法を考えるという部分ではメジャーのほうが徹底しているといえる。

それでも僕の個人成績データを見比べてみると、NPB時代とMLB時代とで数字が大きくかけ離れているというほどでもない。

選手ひとりひとりの体格や筋力が違っても、やっていることはほぼ同じ。多少の違いはあっても、ルールも道具も戦略も、まったく違うものというほどのことはない。

投げていて特に思うのは、メリハリのきいた打線が投げにくいのは日本もアメリカも同じということだ。

NPBでプレーする外国人打者にもいろいろなタイプはいるが、典型的なのがDHか一塁手の長距離砲。ＤＨのあるパ・リーグの球団にはだいたいひとりはそのタイプがいるし、セ・リーグも似た傾向だと思う。

右打者、左打者の違いはあるものの、投手からみた外国人強打者の攻略法というのはなんとなくある。というのも、彼らはバットとボールを確実にコンタクトすることよりも、ボールを遠くへ飛ばす意識が強いからだ。ホームランや長打を重視する出来高契約を球団と結んでいるケースが多いらしいので、自然とそうなるのだろう。

対戦するピッチャーとしたら、その狙いを理解した上で巧みに誘いながら、腕の伸びないインコースを大胆に攻め、ボールからストライクになる落ちる球、逃げていく球、そして遅い球などを使って、罠にはめていくピッチングが理想だ。

ならば、外国人だらけのＭＬＢでは、ずっとそのピッチングを応用すればいいのかというと、そうではない。

日本に来る外国人の典型的なタイプというのは、日本の球団が求めているだけのことであって、ＭＬＢの打撃オーダーが、上位から下位までそういうバッターばかりというわけではない。

もしも、ホームラン狙いの打者ばかりの打線だったら、きっと投げやすいだろうと思う。

その日の自分の調子とも相談しながらにはなるが、同じパターンの配球でスイスイと1イニングを抑えて、鼻歌交じりにダグアウトに戻ってこられる。

でも、実際はそうではない。巧みなバットコントロールで当てるのが上手いバッター、ミートするポイントが近いため長くボールを見られるバッター、ボール球にはまったく手を出さないバッター、ファーストストライクは必ず振ってくるバッター、三遊間にゴロを転がしてくる俊足のバッター、自分が確実にとらえられるボールが来るまでファウルで粘るバッター……もちろんそのそれぞれに右打者と左打者がいる。

中軸を打つ派手なバッターだけでは打線は成り立たない。**地味なタイプも含めて、いろんなタイプの打者がいることでピッチャーは対策に頭を悩ませ、リズミカルな投球がしづらくなる。**ストーリーを織りなすように、次から次へとタイプの違うバッターが登場する打線は投げていて嫌な打線だ。

たとえば、バッティングはそう恐れるほどでもない、守備の名手というタイプのバッターもいる。強打者ぞろいの打線の中では「砂漠のオアシス」のように感じられるが、逆に意識しすぎて四球で歩かせてしまったりする。

俊足タイプなら、なおのこと。痛打されることはまずないが、塁に出したらやっかいだなどと余計なことを考えてしまって、コントロールが微妙に狂ってしまったりする。

ネクストバッターズサークルにいる次打者を意識しすぎて、打席のバッターに集中できないなんてこともありがちだ。

これらはすべて、さまざまなタイプのバッターが、いい並びでオーダーを形成していることで起きる。それが得点しやすいオーダーになる。

これこそチームスポーツの面白さだろう。中には「花形」と呼ばれるような派手な役割もあるけれど、それだけでは勝てない。必ずその「花形」の選手たちをさまざまな角度から支援する地味な役割の選手がいる。それでチームは強くなる。

メンバーの多様性が組織を強くする。それが持続可能な社会を作る。

最近では、世界中でダイバーシティーという言葉が使われている。

派手な人、地味な人、外国から来た人、持病のある人、障害のある人、男の人、女の人、性的マイノリティの人……。

多様性を認めて、組織全体を、チーム全体を、しなやかで強いものにしようというダイバーシティーの方向性はこれからも進んでいく。

「花形」だけでなく、地味な存在にも、もっと脚光が当たる世の中になっていってほしいし、どんどんなっていくだろうと思う。

「信用できる人」は地味タイプの専売特許

地味な人が目指すべき方向性は「信用できる人」だ。

みなさんの周りにもきっと「あの人は信用できる」という人がいるだろう。その人は派手なタイプか、それとも地味なタイプか。考えてみてほしい。

僕の個人的な意見だが、「信用できる」という評価は、地味タイプの専売特許だと思う。別に難しい話ではない。「地味」とは、目立たないこと。つまり多数派だ。同じような感覚の人が多いということだから、そもそも突飛《とっぴ》なことをしない。それだけでも安心感となり、それが信頼感につながる。

そして、コツコツと努力することを「地味」と称するのであれば、なお信頼感は増していく。他人からの評価をあまり気にしないという態度は、要領という点では損をすることもあるけれど、かえってそれが信用に結びつく。**信用は、他人から寄せられると「信頼」**

となり、自分へと向けられると「自信」になるのだ。

よく「練習は嘘をつかない」とか、「努力は裏切らない」などという。コツコツと時間をかけて努力することによって、自分を信じることができるようになる。自信が強まれば不安が薄まり、成功率が上がる。

信用、信頼、自信。それらは「安定感」をもたらす。フラフラ、グラグラせずに、一歩一歩着実に進んでいく。その歩みは遅くても、飽きることなく継続していく。「ウサギとカメ」の寓話《ぐうわ》ならカメ。「アリとキリギリス」の寓話ならアリ。

ものごとを短期的に見て判断するのではなく、長期的に考えるということでもある。寓話があるぐらいなので、昔から地味タイプの人は短期的に損をしても、長期的には得をすると考えられてきたのがわかる。すぐにはわからなくても、あとあとになってその素晴らしさは理解されると考えられていたこともうかがえる。地味を笑う風潮は、洋の東西を問わず、また今昔を問わず、人間がついやってしまいがちな間違いなのだ。

投手・平野佳寿が現在の形に成長できたのは、信頼と自信を作り上げることができたからだと思っている。そのプロセスは、いま壁にぶち当たっている人にとって、なにかのヒントになるかもしれない。そう信じて、次章以降で、詳しく綴っていきたいと思う。

第2章

どこにでもいる少年がプロ野球選手になるまで

少年野球時代の指導が僕の基礎を作ってくれた

野球人・平野佳寿はなぜ誕生したか。その問いへの答えは明確で、「小学生時代の指導者のおかげ」である。**そのころのチームの監督やコーチが、僕に野球の楽しさを教えてくれた。そのおかげでいまの僕がある。**

まさに僕にとっての恩人だ。シーズンオフに日本へ帰ってくると、いまも一緒に食事をさせてもらう。そうすると、心から「野球を続けてきてよかった」と思える。

この歳になって、小学生時代の指導者の方と交流を持ちつづけることなんて、なかなかないと思うし、そういう関係性が続いているのが本当にうれしい。

そんな僕と野球の出会いを振り返ることにしよう。

京都の宇治市に生まれ育ったので、周りはほとんどがタイガースファンだった。でも、うちは父親がもともと関西の出身ではなくジャイアンツファンだったので、父がテレビで観ていたのはジャイアンツ戦だった。ちなみに、父も中学まで野球をやっていたそうだ。

少年時代の僕にとってのヒーローは、斎藤雅樹さんや桑田真澄さん、槙原寛己さん、それに原辰徳さんといったジャイアンツの選手たちだった。

テレビ観戦しているうちにプロ野球に興味を持つようになり、やがて自分でも野球がやりたくなってきた。つまり、その当時のごく普通の子供たちが、ごく普通に通る道を僕も進んだのだった。

近所に軟式の少年野球のチームがあって、仲のいい友達が参加していたのを見て、「いいなぁ、僕もやりたいなぁ……」と思いつつも、チームに入るにはどうしたらいいのかわからず、しばらくは傍観《ぼうかん》しているだけだった。でもある日、その友達が誘ってくれたことで、僕もチームの一員になることができた。

現在では、将来、プロにしようとか、オリンピックを目指させようという考えで、親御さんが幼少のころから英才教育を受けさせるのも珍しくないが、当時はもっとのんびりしていた。少なくとも僕は将来プロ野球選手になろうとか、甲子園を目指そうだなんて、これっぽっちも思っておらず、この段階では本当にただただ「野球をやってみたい！」と思っていただけだった。

ただ、その少年野球チームはかなり変わっていた。

のんびりどころか、とても「緩い」環境だったのだ。

もちろん、いい意味で。

いまでこそ、子供たちにスポーツの楽しさを教えてあげようとか、笑顔でプレーしようという方向性が広がってきているようだが、僕たちが子供のころは、怒鳴りつけるような厳しい指導をするチームのほうが主流だったと思う。勝利至上主義が当たり前だった。

でも、僕たちのチームは、監督もコーチもなんだかほんわかした空気を作っていた。周りの大人たちも「今日は勝ったら、みんなでチキンを食べに行くで！」みたいなノリだった。

厳しいチームだったら「絶対に勝て！」、「ミスしたら許さん！」という雰囲気だが、うちのチームは「勝ったらご褒美だ！」ぐらいのテンションだった。そりゃ、つらくなりようがない。

もし、いきなり勝利至上主義みたいな環境に放り込まれていたら、僕は野球を嫌いになっていたかもしれない。テレビで見るプロ野球はあんなに楽しいのに、どうして実際にグラウンドに立つと、こんなにも厳しくてつらいのか、と。

全部のポジションを経験させてくれた

ほかにも変わっていることがいくつもあった。たとえば、各選手のポジションをきっちり決めないのだ。特に僕の場合はもう全ポジションをやった。あるときは内野、次の週には外野を守る。ときにはピッチャーとしてマウンドに立つこともあるし、キャッチャーとしてマスクをかぶることもある。どちらかというとメインは内野手だった。

ピッチャーをやってみると、やっぱり特別なポジションだとは小学生ながらに思った。でも、ほかの子が投げていても、別に自分がエースになってやろうとか、そういう気持ちはまったくなかった。**いろんなポジションを守れることがうれしかったのだ。**

もちろん、小学生でも、もっと厳しいチームはあっただろう。当時でも、「プロ野球選手になりたい」と思っているような子は硬式のリトルリーグとか、軟式でも練習の厳しいチームを選んだのだろう。

でも、僕の場合は、野球との最初の出会いが、あのチームでよかった。今になって思えば本当に幸運だったと思う。

小学生時代、野球をやっていてつらい思いをしたことがなかったのだ。大げさでもなんでもなく、本当にただの一度もない。

だから、あのチームの環境と、それを作ってくれた指導者の方々には感謝しかない。僕に「野球とは楽しいものだ」と教えてくれて、自分も心から野球を楽しんだ。

「野球＝楽しい」

それが僕の原体験。

ぶっちゃけて言ってしまえば、もう、それが僕にとってのすべてなのだ。

このあと詳しく述べていくが、当然のことながら、僕はレベルアップとともに、どんどん厳しい環境に足を踏み入れていくことになる。それでも「つらいなあ、やめたいなあ」という気持ちに一度もならなかったのは、「野球は楽しい」ということを疑わなかったから。

「それでも、やっぱり野球は楽しいもんな」と思えたから。

そして、楽しく野球をやっていくために自分はどうあればいいかを考えることができた。

たとえ地味でも、チームのために必要な存在であることの大切さを教えてもらった。


あのころの経験がなければ、僕はどこかで野球をやめていたかもしれない。あの経験があったから、疑いをもつこともなく、ずっと続けることができたのだと思う。

極端な言い方をしてしまえば、僕はいまでも小学生時代の「余韻」で野球をやっている感じがある。小学生時代の「野球、楽しいな」という気持ちを持ったまま、メジャーのマウンドに立っている。

キャプテンはなにもしなくていいの意図

もうひとつ、当時のチームの変わっていたところ、面白かった経験を紹介したい。

ポジションも曖昧《あいまい》で、ある意味、自由すぎるチームだったけれど、ある日、いきなり監督とコーチからこんなことを言われた。

「お前、今日からキャプテンをやれ」

急にそんなことを言われても、なにをやったらいいのか、まったくわからない。

さすがに戸惑っていると、監督は僕にこう言った。

「いいか、キャプテンというのは、なんにもしなくてええんや」

この言葉に、頭の中にまた「？」が浮かぶ。

チームをまとめ、引っ張っていくのがキャプテンの役割ではないのか。なんにもやらなくていいのなら、キャプテンがいる意味がないのではないか。

そんな疑問でモヤモヤしている僕を見透かすように、監督はその場で明確な回答を示してくれた。

「キャプテンはなにもしなくていい。その代わり、ほかの選手たちにやらせなさい。お前はもう荷物とかを持たなくていい。でも、ちゃんとほかの選手にそういう仕事をさせること。もし、それで忘れ物があったとか、大きなミスがあったりしたら、俺は代表してお前を叱るからな。いいか、それがキャプテンというものや」

本当にそれがキャプテンとしてあるべき姿なのか――いまだに正解かどうかはわからないのだが、たしかにチームをまとめるという意味では効果的なやり方だったと思う。

僕にとっては、野球とはチームみんながそれぞれの役割を果たしてやるものだということがよく理解できる話だった。

ひょっとしたら、僕が一番楽しそうに野球をやっていて、これからも野球を続けていくだろうと見ぬいた監督たちが、**野球というものは「花形選手」だけでやるものではないことを教えてくれたのかもしれない。**

そうであるなら、僕の「地味を大事にするスタイル」を決定づけてくれたのもまた、小学校時代の指導者たちだったといえる。

まだ小学生だから、「誰も叱られないようにしよう」という一点でチームがひとつになるのはわかりやすい。

そして、ほかのメンバーにやらせるためには、不公平がないように配慮しなければいけないし、それはつまりキャプテンが全員に気を配るということでもある。

また、荷物を持たなくていいという「特権」を得る代わりに、忘れ物をなくす「重責」を負うという「リーダーの仕組み」、「組織の仕組み」を学ぶことができた。

さすがにノーミスで済むはずもなく、何度かは怒られているはずだ。

しかし、なぜかその記憶がまったくない。荷物を持たなくて楽だったな、ということはしっかり覚えている。

きっと、「小学生のときは楽しかった」ですべてが上書きされてしまったのだろう。

中学生でピッチャーに専念する

当然のことながら、こんなに楽しい野球をやめるなどという選択肢はあるはずもなく、僕は中学に進学すると、野球部に入部した。関西はボーイズリーグなど中学生の硬式野球も盛んだが、やはりこの時点で僕の頭の中に、甲子園とかプロ野球というものが現実的にあったわけではない。

それどころか、僕の中で野球は完全に小学生のときの延長線上にあったので、入部したとき監督に「すべてのポジションをやりたい」と伝えた。

いま思えばとんでもないことを言ったなと冷や汗が出るが、そのときは本気でそう思っていたし、それが当たり前だと思っていた。言葉だけではなく、実際に監督の前で一通りやってみせて、その流れで最後にピッチングを見てもらった。すると、監督から「ピッチャーをやってほしい」とすぐに言われた。自分ではわからなかったが、監督は適性を見極めたのだろう。ここから僕の投手生活が始まったのだった。

小学生までは「趣味」だったが、これが中学の「部活」になると、そんなに甘いものではなくなる。このポジションをめぐる一連のやりとりだけでも、中学での野球は少年野球とは違うのだなと、肌で感じ取ることができた。いきなり子どもから大人になったと言っては大げさだが、ビリッと身が引き締まるような緊張感があった。

野球というのは、ただただ楽しいだけのスポーツではない。さまざまな戦術で勝利を目指していく、もっと深い競技だということを教わったのが中学の3年間だった。

遊び半分に「すべてのポジションをやります」ではなく、適材適所でちゃんと各人のポジションを決めて、理屈にあったチームを作っていく。小学生時代が遊び半分だったとまではいわないが、どこまでいっても「楽しさの追求」だったのは事実だ。ここで野球への向き合い方が一段階高いものに、変わっていった。

だからこそ、小学生のときに「野球は楽しい」ということを全身で感じることができたのは大きい。もし、いきなり中学の部活から始まっていたら、楽しさを感じることのないまま、難しいことに挑戦する意味がよくわからず、嫌になってしまったかもしれない。

いろいろな戦術があって、状況に応じてそれを選択する面白さ、相手が想定していないことをやる面白さ。そこまでの理解が進まなかったかもしれない。

出会い、巡り合わせというものは、意識をしていなければなにげなく流れていってしまうものだが、落ち着いて振り返ってみると、のちのちの人生にまで関わっていることも多いのだと気づく。

野球観を変えた恩師との『野球ノート』

中学の監督は学校の先生だったので、「部活も教育の一環」という明確な考え方を持っていたのだろう。だから、僕たちに「野球を楽しませている」という感じではなかったし、かといって「ひたすら厳しく指導する」というわけでもなかった。

授業の延長線上にある、「勉強としての野球」という感じがあった。とにかく僕たちに野球について考えさせる先生だったのだ。


その象徴が『野球ノート』。

これは僕たちと監督の交換日記みたいなもので、毎朝、書いたものを先生のところへ持っていくのがルールだった。

内容はなんでもかまわない。とにかく野球に関することであればいい。

「昨日、こんな練習をしました」でもいいし、練習や試合を通じて感じたことや疑問があれば、それをノートにぶつけてもいい。

毎日提出しなくてはいけないから、嫌でも毎日、何分かは野球について考えることになる。これが自分だけの日記なら、適当なことを書いたり、三日坊主で終わったりしたかもしれないが、監督が読むことが大前提だから、ちゃんと書かなくちゃいけない。その日の放課後には練習で顔を合わせるわけで、いいかげんにできないという緊張感があった。

野球をやっていれば、野球のことを考えるという行為は当たり前のようにやっている。ただそれは、その場限りのことになりがちで、ただ考えただけでは忘れてしまうことも多い。それが、自分の中で課題になったり、悩みになったり、希望になったりという形で、育っていかない。しかし「ノートに書く」というアクションがひとつ加わると、ものごとが違った姿を見せてくる。

まず、記憶を呼び出し、情報が頭の中で整理される。文章化するためには、あやふやな思いを考えとしてまとめる必要がある。

監督が読むものだから、自己満足では終わらないように、理解してもらえるように客観的に見直さなくてはいけない。

そして、自分で書いたこと、自分の考えとして先生に伝えたことは、頭の中に記憶としてしっかり定着する。これが毎日続くのである。当然、部活を引退するころにはかなりの蓄積になる。それはノートに記された文字数以上のものだ。自分について、チームについて、野球について考える習慣はなにものにも代えがたいものだった。

これぞ「地味」の極み。

筋トレと同じで、野球について毎日考えることで「野球脳」は鍛えられる。すぐになにか効果が出るものではないけれど、この思考トレーニングの積み重ねは、きっと現在の僕を形作る「基礎体力」として役立っているに違いない。

もちろんその当時から思っていたことだが、監督は僕たち以上に大変だったに決まっている。全部員のノートすべてに目を通した上で、アドバイスを書き添えて、朝に渡したノートがその日の夕方には戻ってくる。

これは僕たちと監督との「真剣勝負」だった。当然のことながら、僕たちの代だけにそうしていたわけではない。同じことを十何年もずっと続けてきたというから、本当に頭が下がるし、いまでも感謝の気持ちでいっぱいになる。

それまではただただ楽しむだけだったが、この『野球ノート』をきっかけに、もう一歩も二歩も野球の本質に踏み込んだ。

「野球を考える」という新たな魅力を教えてもらった。

運命を大きく変えた「中3の夏」

ただ、正直な話、僕の通っていた中学はごく普通の公立中学校であり、特段、強豪校というわけでもなかった。

宇治市では1番目か2番目に強いかな、というぐらいのレベルで、宇治市の大会を勝ち抜いても、その次の山城《やましろ》地区の大会ではいつも2回戦どまりだった。だから、3年間で京都府大会には一度も出場できずに終わってしまった。

派手な実績はひとつも残せなかったけれど、監督の判断でピッチャーとしてやっていくことになったこと、そして野球を考える喜びを知ることができたこと。このふたつは僕にとってかけがえのないほど大きな財産となった。

成長期にどのような指導者にめぐり会うかというのは、本当に大事なことだと思う。僕の場合は、小学校時代、中学校時代ともに素晴らしい指導者に出会えた。いま思えば、その順番にも恵まれた。

ここ数年、ニュースなどでもスポーツ指導者や教育者の不祥事や事件を見ることが増えたように思う。しかし、多くの先生や部活の顧問、監督たちは、子供たちの成長のために精一杯の愛情を注いでいると思う。

だから、大人になってから、もしなにかにつまずいたり、悩んだりしたときは、小学校や中学校のときの恩師の教えを思い出してみるのもいいかもしれない。そのときには気づかなかった真理に出会える可能性があるからだ。

中学3年生になると高校進学のこともあって、そろそろ真剣に将来のことを考えるようになる。さすがにここまで懸命に野球に打ち込んでいると、「プロ野球選手になりたい」という夢が少しだけ頭に浮かぶようになった。

しかし、この時点ではまだまだ夢の話。京都府大会にも進めないような状況では、プロなんて無理に決まっている。まったく具体的なイメージもなく、**本当のことを言えば、ただ憧れているだけで、なれるなんて思ってもいなかった。**

宇治大会を勝ち抜くのが精いっぱいという自分のレベルは、いったいどれぐらいのものなのか。それを測る機会もない。

もしも全国大会に進みでもしていれば、自分がどれほどの位置にいるのかわかっただろう。プロになれるかどうかも判断できたかもしれない。

いや、逆に僕の愚直な性格では、プロなんて無理だという先入観になってしまっていたかもしれない。こればっかりはわからない。

とにかく、中3の夏休みまでは宇治市のどこかの高校に進学して野球を続けていこう。その程度の考えだった。プロ入りどころか、甲子園に行きたいという、高校球児なら誰もが抱く夢さえ真剣に目指していなかった。

それが中3の夏に激変した。

最後の夏も京都府大会にすら進めずに敗退してしまったので、かなり早い段階で僕たち3年生は引退することになった。

ぽっかり空いてしまった時間、僕はひたすらテレビで甲子園を見つづけていた。

いわゆる〝松坂世代〟が3年生として甲子園を席巻《せっけん》した1998年、第80回全国高等学校野球選手権大会。もう、毎日、テレビ中継に釘づけ状態だったが、いても立ってもいられず横浜高校と京都成章《せいしょう》の決勝戦だけは、甲子園球場まで出かけていき、生観戦した。

もちろん、地元の京都成章高校を応援していたのだが、松坂大輔さんがノーヒットノーランを達成するという衝撃的な試合展開だった。その一部始終を僕は京都成章のベンチの真上で目撃していた。

ゲームセットの瞬間、僕は思わずこんなことを口にしていた。

「俺、ここまで行きたいな」

それまでは、高校でも野球を続けようとぼんやりと思っていただけだったのに、この夏、甲子園での熱闘の数々が僕の心に火をつけた。**ド派手な決勝戦を生で観たことで、ハッキリと「甲子園に行きたい」という目標ができたのだった。**

こうなるともう「早く硬式のボールで野球がしたい！」という気持ちばかりが強くなる。親に頼んで硬式球を買ってもらい、すぐに友達とキャッチボールをして、その感覚を楽しんだことを覚えている。

いや、楽しんだというのは不十分だ。はじめて手にした硬式球の重みにキリッとした緊張感を覚え、なめらかな革特有の肌触りに、これから自分が知らない野球と出会うことになる期待感を抱いた。

そんな不思議な感覚が、中3の僕を包みこんでいったのだった。

志望校は「甲子園が狙える学校」

こうなってくると、もう地元のどこかの高校に進学すればいい――などと、のんびりしたことは言っていられない。

「甲子園に行きたい」という目標が明確になった以上、甲子園が狙える高校に進学したいと考えるようになる。

中3の夏休みも終わろうとしているタイミングだったので、進路を決めるにはちょっと遅かったが、**とにかく甲子園が最大の志望理由になった。**

いま思えば、これが僕の人生における最初にして最大の「分岐点」だった。

明確な目標もなく野球をやってきた僕が、甲子園のマウンドに立つという大きな目標を掲げ、そのためであればどんな努力でもしようと心に決めた。地味で地道な道を、みずからの意思ではじめて選んだ瞬間だった。

この時点では甲子園より先のことはもちろん、甲子園だってしっかりとは見えていなかったが、この決断があったからこそ、いまメジャーのマウンドに立っている自分がいる。それは疑いようのない事実だ。

さて、そうは言っても甲子園への道は遠く険しい。甲子園を狙える学校となると、京都府内でも数えるほどしかないからだ。

どうしたものかと考えたときに浮上したのが京都府立の鳥羽《とば》高校だった。この夏の甲子園では京都成章が準優勝に輝いている。その京都成章と京都府大会の決勝で当たったのが鳥羽高校だった。つまり甲子園の準優勝チームとほぼ同等の実力がある。

当時、鳥羽高校では、かつて北嵯峨《きたさが》高校（京都）を率いて甲子園に出場した実績のある卯瀧逸夫《うだきいつお》先生が監督を務めていた。しかも卯瀧監督は、鳥羽高校に来てからわずか2年で京都府大会の決勝まで進出していた。

そう聞いて、もう僕には「公立だったら、鳥羽高校が甲子園にいちばん近い！」と、確信に近いものが生まれていた。

もうそのタイミングでは、私立のスポーツ推薦などは間に合わなかったし、鳥羽高校がもっとも現実的な選択だった。

家から電車で片道1時間以上かかる通学時間だけはデメリットだったが、夢を叶えるための障壁としては、まったく気にならない程度のものだった。

「軟式あがり」という周回遅れからのスタート

こうして僕は鳥羽高校に進学することになった。

志望校に入れたのだから、最高にうれしかったのだが、問題がないわけではなかった。

とにかくレベルが高いのだ。

甲子園を狙う高校なのだから、当たり前といえばそうなのだが、初日にすぐ実感できるほど練習は厳しかったし、なによりも同じスタートラインに立っているはずの同級生が入学した時点ですでに1周先を走っているような状況だった。

それは、僕が「軟式あがり」だったから。

小さいころから甲子園やプロ野球を目指してきたような同級生たちは、リトルシニアやボーイズリーグで硬式野球をたっぷり経験してきている。

そんな同級生たちは、もう1年生の早い段階から先輩に交ざってバリバリ練習しているし、結果を残せば試合にも帯同させてもらっていた。

しかし、軟式しか経験のなかった僕が、その輪に入れてもらうことはなかった。もう最初から「無理はするなよ」と言われ、トレーニングメニューでも硬球でプレーできるようになるための体力づくりが優先された。

毎日、練習には参加しているのだが、まったく投げさせてもらえない。ランニングなどの基礎トレーニングのほかにやることといえば、ボール拾いなどの雑用を黙々とこなすこと。そんな日々が続いた。

ひとつ上の先輩には、のちに大阪近鉄バファローズ（当時）に捕手として入団する近澤《ちかざわ》昌志《まさし》さんがいた。近澤さんのバッティングやスローイングを見たら、もう「すげぇ……」と、あまりのレベルの高さに絶句するしかなかった。

聞けば、近澤さんは1年のときから試合に出ていたという。やっぱり活躍するには1年のうちから出ているような選手でないとダメなのか——とは思った。

そして、すぐ横で同級生たちが練習に参加しているのを横目にボール拾い。そうなると、かなり焦りそうなものだが、僕はまったくといっていいほど焦りを感じていなかった。

あまりにも地味なボール拾いという雑用をやらされているメンバーの中で、焦りもせず、腐りもせずに毎日過ごせていたのは、たぶん僕だけだったと思う。

なぜなら自信があったから。

最初にピッチングを見てもらったとき、監督が僕をすごく褒めてくれた。とても高い評価をもらった。僕にはそれが大きな自信になった。

緊張していたのもあって、そのとき監督がなんという言葉をかけてくれたかまでは憶えていない。

「いい投げ方だ」だったか、「その調子でやっていれば大丈夫だ」だったか定かではないのだが、とにかく過去に5回も甲子園に出場し、プロ野球選手を何人も育てた卯瀧監督が「いい」と言ってくれた。だったら、その言葉を信じてやっていれば間違いない——そう思っていたのだ。

それは、監督への信用であり、転じて自分への信用でもあった。

監督が僕を気にかけ、買ってくれているのだから、いまはボール拾い専門でも焦ることはない。こういうトレーニングが必要だと判断してやらせているんだろうから、それを懸命にやっていれば大丈夫だ。いまはどれだけ同級生に差をつけられても、いつか必ず追いつけるという気持ちになれた。

それは、ある意味で「過信」だったのかもしれない。のちに僕もマウンド上で自分を過信したせいで痛い目にあったりした。過信はときに間違いを引き起こす。

しかし、勘違いに近いような根拠のない自信のおかげで、地味で地道な努力に耐えられることもある。**自分を支える「根拠」になってくれるのであれば、自信ほどパワフルなものはない。**たとえそれが「過信」に近いものだったとしても、あながち悪いものと決めつけられないのではないか。

それと同時に、子供たちや若い人を指導する立場の人には、できるだけ自信を持たせる言葉をかけてあげてほしいと思う。それによって地味な努力をやり抜ける子になるかもしれないし、その子の可能性を大きく広げるかもしれないからだ。

つらいときこそ自分を俯瞰して見る

自分の周回遅れ以外にもうひとつ、大きな問題があった。それは甲子園を目指す公立高校は、いろいろとハンデを抱えているということだ。

私立の強豪校は、とにかく練習量が半端ではない。当然のごとくグラウンドにはナイター設備が整っていて、夜8時ぐらいまでガンガン練習に励んでいる。

一方で、鳥羽高校には「夕方5時半に練習終了」という縛りがあった。定時制も併設していたので、定時制の授業がはじまったら、グラウンドを空けなくてはいけない。

だから、広々とグラウンドを使った練習を5時半には完全撤収する必要があった。

授業が終わるのがだいたい3時半ぐらいだから、バッティング練習やノックに費やせるのは正味2時間弱。そのあともグラウンドの端っこで素振りをしたり、通路の脇で筋肉トレーニングをしたりと、できることはやっていたけれど、私立と比べれば、圧倒的に練習時間が足りない。おそらく半分以下の時間しかできていなかっただろう。

これではとても太刀打ちできないので別の枠を設けて練習する必要がある。

朝しかない。

毎朝7時から授業がはじまるまで、みっちりと練習をやった。

さらに1年生はグラウンドを整備して、7時に先輩たちを迎え入れなくてはいけないので、遅くとも朝6時半には入らなくてはいけない。

本を読んでいる方は「甲子園を目指すならそれぐらいは普通だろう」と思われたかもしれないが、遠距離通学だった僕の場合は、その時間に到着しようと思えば、5時の電車に乗らないと間に合わない。いまだにこの1年間が僕の野球人生の中で、もっともつらくてキツい時期だったと思う。

しかし、ここで絶対に負けられないと自分を奮い立たせることができたのは、母の存在があったからだ。母は、鳥羽高校で甲子園を目指すという僕の夢を後押しするために、毎朝弁当を作って送り出してくれた。僕が起きるより早く、毎朝4時ごろには起きて、弁当を作らなくてはいけない。**体がキツかったのは僕よりも母のほうだったかもしれない。**

どんなにつらくても、弱音を吐かず、ギリギリのところでやってこられたのは、文句も言わずに大変な思いをして支えてくれた母がいたからだ。

親が子に愛情を注ぐのは当たり前だという感覚の人が多いだろう。中学、高校時代の僕にもそういうところはあった。

義務としてやらなければならない「修行中」の1年生時代。イライラしたりムカムカしたりすることも多い上に、睡眠時間も確保できないから、つらさが増幅して心を痛めつける。でも、そんなときに、自分だけではなく一緒につらい思いをしながら自分を支えてくれている人の存在に気づけば、心はおだやかになる。もっとがんばれる。もっと戦える。

厳しい状況にいると、どうしてもつらいことに意識が集中してしまう。ネガティブな感情にとらわれ、攻撃的になったり、自暴自棄になってしまったり、他人や自分を信用できなくなってしまう。そうなってしまうと地道な努力を継続するのが難しくなってしまう。

だから、つらいときこそ狭い世界で迷路に入り込まないようにしたい。ドローンで上空に舞い上がって、高い所から自分の姿を眺めるようにしたい。

そこには、自分のことを見守ってくれている人がいるかもしれない。自分と一緒につらい時間を過ごしてくれている人がいるかもしれない。

幸いにして、遠距離通学のおかげで僕は高校1年生のときに、それに気づくことができた。苦しいときには自分の周囲を俯瞰《ふかん》で眺める習慣ができた。

それは自分の夢のために、一緒に苦労をして応援してくれた母のおかげであり、感謝の気持ちしかない。

野球人生でもっとも過酷な「休めない夏休み」

「僕の野球人生でもっともつらくてキツい1年」と書いたが、中でもキツかったのが夏だ。

1年の夏、うちの高校は初戦で負けてしまった。その前年の夏、京都府大会で準優勝だった「優勝候補」が初戦負け。これはさすがに落ち込む結果だ。

たしか試合は府の北部で行われて、学校に戻ってきたときには、すでに夕方6時近くになっていた。そのまま選手をグラウンドに集めて、監督がこう言った。

「よしっ、いまから新チームをスタートするぞ!」

ただ単に新チームとしてメンバーが入れ替わったという話ではなく、もう、その瞬間から猛練習をスタートさせたのだった。

「来年こそ」という強い気持ちがあるいまこそ……ということなのだろう。3年生にとって最後の夏が終わってしまったという感傷的なムードが一気に引き締まった。

1回戦負けだから、まだ夏休みに入ってもいない。その日にスタートしたハードな練習は、その夏、ノンストップで行われた。夏休み期間、1日の休みもなく。

夏休みは、朝から晩まで練習ができる。それを休みなしで続けるというのは、とんでもなくしんどかった。

高校球児の僕が、「負ける」とはこういうことかと痛感したときだった。

「悔しかった。明日からがんばろう」では間に合わない。過ぎ去ったことを悔やんでいる暇があれば、すぐに前を向き、練習をはじめなければ、来年も同じ。それが現実。

現実を受け入れ、正面から向き合うことが、地道な努力を継続するモチベーションになることを知った。そして、野球人生でもっとも過酷な夏を乗り切ったからこそ、僕はその先に進めた。自分の中ではとてつもなく大きな糧《かて》を得た夏だった。

そのころになると、僕もようやくピッチングをさせてもらえるようになっていた。たしか1年生のピッチャーでは、僕がいちばん早く投げさせてもらった。もっとすごそうなヤツもいた。公立校には珍しく鳥羽高校には体育科があり、府内のアスリートが推薦で入ってきていた。そういう投手よりも一般で入った僕のほうが先だった。

試合には出られなかったし、ベンチにも入れなかったけれど、1年生としては2人だけ広島への遠征に連れていってもらえた。

もとから焦りはなかったが、軟式あがりの周回遅れというハンデはすでに乗り越え、「やっぱり監督を信じていて間違いなかった」と手応えを感じていた。だから、「1日も休みがない地獄の夏休み」にも耐えられた。この厳しい夏を乗り越えれば、きっと甲子園への道が拓《ひら》けると信じていた。しかしそれは幻想だった。

初の甲子園のマウンドで魔の9失点……

地獄の夏の成果は確実にあった。事実上、翌年春のセンバツ出場校を決める秋季近畿地区大会で鳥羽高校は快進撃を果たす。育英（兵庫）に1点差で敗れ準優勝となったが、強豪ひしめく近畿で、堂々と春の甲子園出場を決めることができた。

ただ、1年生の僕はまだ公式戦ではほとんど投げることができなかった。ひとつ上の学年にエースがいて、ほぼ全部投げた。僕が投げたのは、コールド勝ち直前の試合で1イニングだけ。実質、公式戦では登板していないようなものだった。

年が明け春が来て、新2年生として迎えたはじめての甲子園。僕は晴れてベンチ入りメンバーに選ばれた。でも、まったく登板の機会はなく、その気配すら感じられなかった。

前年の夏、悔しさをバネに地道な努力を重ねてきたチームは強くなっていた。どんどん勝ち進み、準決勝へ。

しかし、そこまで連投が続いていたエースの疲労は限界に達していた。結果的にその大会で優勝した東海大相模の打線に序盤でつかまり、なんと僕に登板の機会が回ってきた。

秋季大会でもほとんど投げていないのだから、いきなりやってきた僕にとっての実質的な公式戦デビュー。それが甲子園の準決勝というとんでもない大舞台だったのだ。

ここを目指して鳥羽高校に入ったわけで、ある意味、夢を叶えた瞬間だった。ところが実際は、そういった感慨はほとんどなかった。ここまで、まったくといっていいほどチームに貢献しておらず、自分の力でここにいるとは思えなかったからかもしれない。

鮮明に覚えているのは、甲子園のマウンドが不思議な感覚だったことだけ。

「なんや、これ？」

ひとことで表せば、わけがわからない状態だった。

デビュー戦。相手は強い。極度の緊張。マウンドに立った瞬間のあんな感覚は、あとにも先にもあのときだけだ。のちにプロ入りしてから甲子園のマウンドにも立ったが、こんな感覚にはならなかった。プロデビュー戦でも、メジャーでの第1戦でも、こんな不思議な感覚は味わっていない。

それが「甲子園に棲《す》む魔物」なのかはわからない。とにかく、わけのわからないまま投げていた。バカバカ打たれて、火だるまになった。

調子はよかった。140キロぐらいのボールは放れていたし、あの試合でも三振は奪っている。

それでも気がつけば、3イニングで9失点。

もうひとつよく覚えているのは、自分がバッターボックスに立ったときのこと。まったく手も足も出ず三振に終わった。

「こんなん、打てるわけないやろ！」と。

甲子園で準決勝まで勝ち進むピッチャーのレベルの高さが身をもってわかった。僕とではレベルが違いすぎた。

降板してベンチに戻ると、監督が言った。

「どうだ、上には上がいるだろ？　お前はまだまだだな。こういうところで抑えられるようにならなくちゃいかんぞ」

文字にすると優しい言葉なのに、そのときの僕にはガツンと言われたように聞こえた。そういうトーンだったのかもしれないし、僕の心理状態が普通でなかったのかもしれない。

監督も「こいつには抑えられないだろう」とわかった上で、僕をマウンドに送ったと思う。実戦経験がほとんどない投手が、いきなり甲子園の準決勝で結果を残せるはずがない。

好むと好まざるとにかかわらず、誰かが務めなければならないマウンドであり、誰かが進めなければならないイニング。

僕は実力以上のミラクルを起こすような「派手」なスターではなく、持っていたはずの力さえ発揮できない「地味」な存在だった。甲子園のマウンドに、あらためてその現実をつきつけられた。

限界以上のオーバーワークは自分を傷める

僕が降板したあと、同級生のピッチャーが登板し、3イニングをピシャリと0点で抑えた。その後は、彼が僕の世代の1番手のピッチャーとして起用されていくことになる。

「このままじゃダメや」さすがに気合いが入った。

しかし、気合いだけではどうにもならないこともある。2年夏の大会の前では、2番手投手として登板機会を与えられたが結果が残せなかった。

もっともっとがんばらないとエースになれない――その思いがどんどん強くなった。

それが「無理」になっていった。

自分の体力やコンディションを「理解」して練習の強度を上げる分にはいい。その「理解」が「無」であるハードワークを「無理」という。

プロ野球では高卒ルーキーにも無理はさせない。ましてや高校2年生では体ができていない。すでに身長は180センチぐらいあったが、体重は65キロぐらい。1年の「地獄の夏」は50キロを割ることすらあった。そもそも太りにくいタイプで、おそらく監督はギリギリのラインを見定めながら鍛えてくれていたのだろうと思う。

しかし、僕はそのラインをわかっていなかった。ただひたすら投げて、投げて、投げた。それによって投球する力はついただろうが、発展途上の肉体の限界を超えてしまっていた。当時の僕はそんなこともわからずにひたすら無理をして、体が悲鳴をあげていることにも気づかず、ついには腰がパンクしてしまった。完全にオーバーワークだった。

僕は一気に急浮上しようとしていた。地道にコツコツではなく、突き抜けたいという願望で突っ走っていた。

自分の限界を超える派手なことを続けていても、自分を傷めるだけだ。僕は、高校生のうちにそれを知ることができた。そういう意味では、このケガはいい経験だった。

腰を痛めた僕は、夏の大会に出場するどころか長期にわたって戦線を離脱することになる。夏は1試合も投げられなかったし、秋に新チームを作る段階になっても、僕はベンチ入りすらできなかった。2年と少ししかない高校球児の稼働時間を考えれば、この空白期間は長い。立ち直れないほどの挫折になっていてもおかしくなかった。

そのあいだも同級生のエース投手は着々と結果を残す。夏の京都大会を制し、甲子園出場。チームを2季連続で甲子園に導いた。僕は完全に置いてけぼりを食らっていた。

長い目で見ることで人生は変えられる

この挫折が転機となり一念発起《ほっき》し、ケガが癒えると大逆襲がはじまった——普通、物語はそのように展開していくものだ。しかし、本当に申し訳ない。僕の人生はそんなにドラマティックにはできていないのだ。

秋、置いてけぼりを食らったことで、さらに冷静に自分を見つめることができた。

これが同級生とエースナンバーを巡ってライバル関係にあったのなら別だが、僕が休んでいるあいだに、たった1人で京都大会を投げ切った同級生を、素直に「すげぇなあ」と見ていたし、そのまま近畿地区大会まで1人で投げて3季連続甲子園出場となるセンバツ当確ラインを突破、そして優勝までしてしまったときには、もう観念するしかなかった。

「今の俺では無理や。とてもではないが、ここまでのことはできていない」

それでも内心では「本当は俺のほうが上だ、いまに見ていろ」と思っていたのではないかと思われるかもしれないが、本当にそんなことはまったく思っていなかった。

ここまで差がつくと、もう「負けていられない！」とも、「クソーっ！」とも思わない。それよりも、自分を「情けないな」と感じた。大事なときにケガをしたのも情けないし、それ以前の問題として、ピッチングができていないのが情けない。

もちろん、3年春の甲子園に向けてまだまだ燃えていたけれども、「俺はチームを甲子園に連れていけるようなピッチャーじゃない」と冷静に判断していた。甲子園に2度も連れていってもらったのは、先輩たち、同級生たちのおかげだった。この時点で同級生エースには勝てないと観念していた。

ここで「もう野球はやめよう」となる可能性も大いにあった。ただ僕はすでにものごとを地味でも粘り強く考えるようになっていた。

冷静に自分の実力を考えたら、プロ入りなんて考えられなかったが、小学生のときに教えてもらった「野球の楽しさ」はそのときも忘れていなかった。

だから、僕は大学に進んでも野球をやり、そして社会人でも野球をやり、着実にステップを踏んで上達できたらいいなと思っていた。そのため、腰を痛めたときも、慌てず焦らずじっくりと治療に専念できた。

「高校では勝てないだろうが、大学に行ったらやってやる！」と、心の舵《かじ》を切っていた。

高校球児としては、もう残された時間は1年を切っているが、大学まで視野に入れれば、それが4年以上も長くなる。焦る必要などなく、無理をせずに済む。

よく「長い目で見てください」と言う。その言葉は外に向けて言うことが多いが、自分に対してもかけるべき言葉なのではないかと思う。

それはけっして現在の状況から目を背けて、現実から逃避することではない。むしろ逆だ。希望的観測にとらわれることなく、現実を冷徹なまでに見つめて、いま確実にできるベストなことを考える。そしてあとは、それを地味に地道にやりつづけ、まっとうする。その結果、現状を変えることができる。そして、そのためにどれぐらいの時間がかかるかを見定める。

なにげなく先ほどから言っている「地道な努力」というものを言葉にすれば、そういうことなのではないか。それによって状況を変えることはできるし、人生だって変えられる。

高校で学んだ「本当の野球」

高校の3年間を振り返れば、「野球を学ばせてもらった」という言葉に尽きる。

小学生で「野球を楽しむ」ことを知った。

中学生で「頭で考える野球」を教えてもらった。

高校ではさらに一歩も二歩も踏みこんだ「本当の野球」を学んだ。

これはもう監督との出会いがあってこそだ。

入部して最初に言われたのが「お前たち、野球をやるために来たんだよな？　だったら、これからの3年間、絶対に彼女は作るな！」という言葉。

それだけの覚悟で野球に打ち込めということなのだろうが、いざ練習がはじまったら、彼女を作りたくても、そんな心の余裕もなければ時間もなかった。

1年の夏休みには1日も休みがなかったと書いた。1年の夏は最初だったから面食らったのもあって鮮烈に覚えているが、よく考えれば、その後も休みなんてなかった。ただ、それに慣れたのと、ケガで休んでいた時期があったからわからなかっただけだ。

毎年、大晦日まで練習をしていたし、しっかりと休めるのはお正月の三が日だけ。もし彼女ができたとしても、デートなんて年に一度が精一杯という環境だった。

公立でここまでやる部活も、なかなかないと思う。本来、テスト期間中だけはいっさいクラブ活動禁止だ。しかし、まっすぐ帰ると監督から叱られた。

「練習をしたら、俺も学校から怒られる。だから、テスト期間中はグラウンドを使って〝自主トレ〟をやれ！　なにか言われたら『自発的にやっているだけで部活じゃありません』と言え！」

かなりめちゃくちゃだが、限られた時間で甲子園を目指そうと思ったら、そこまでやらなければいけないという覚悟を感じた。

これほど厳しく指導されてもまったく嫌な思いはなかった。それは全員、心から甲子園に行きたかったし、監督にその力があると信じていたから。そして、なによりも監督がとことん野球好きなのが伝わってきたからだ。いや、どう考えても野球好き……では甘すぎる。愛すべき「野球バカ」だ。**その信頼関係があったから、どこまでも頑張れたし、事実、甲子園に連れていってもらえた。**

監督は体育教師だったが、授業を通じてなにかを教わったという記憶はまったくない。いい意味で「野球しか教わっていない」。でも、それでいいのだと思う。

監督が言ったように、僕たちは野球をやるために集まったのだから、どっぷり野球漬けの3年間を与えてくれたことには感謝しかない。

厳しく、ものすごく怖い監督だった。しかし、それは僕たちのために見せていた顔だったと気づくのは部活を引退してからだった。

戦術を知り、野球を知る

監督は「勝つこと」に貪欲《どんよく》だった。そのためには練習をしているだけでは足りない。野球の戦術を深く知ること、常に考えることが大事だと高校での3年間で叩きこまれた。

同級生エースが投げているとき、「このカウントではどう勝負する?」と常に問いかけられた。それはバッターが待っているボールだと指摘されることもあれば、「お前、前のバッターの打席、ちゃんと見ていたのか?」と叱られることもあった。

細かい部分まで監督はちゃんと見ていて、僕はそれに気づいていない。監督はそれがわかっているから、こういう言葉のキャッチボールが成立する。

僕が試合で打たれると、いつも監督に怒られた。

「お前、なにもわかっていないじゃないか！」

その理由は技術面ではなく、ほとんどが戦術面のことだった。

この時点では、僕のウィニングショットになるフォークボールはまだ習得していなかったが、それでも戦術を理解して、しっかりと考えて投げることができれば、ストレート一本でも勝てる。

そうか、野球ってこういうものなんだ。

そう気づかせてくれる監督だった。

夏の大会、チームは京都府大会準決勝で敗退した。4季連続の甲子園はならなかった。

試合が終わって、学校のグラウンドに帰ってきたとき、監督は僕たちに3年間ではじめて「お疲れさま。ようがんばってくれたな」とねぎらいの言葉をかけてくれた。

そのままグラウンドで解散していたら、美しい青春ドラマの1ページだが、この監督はそうはいかない。3年生を呼び止めてこう言った。

「ええか、お前らは今日で引退する。ただ、卒業するまでは野球部所属だということを忘れるなよ。明日から野球をしなくなって時間もできる。そこでなにかやらかしてしまったら、後輩たちに迷惑がかかるんや。だから茶髪にしたり、ピアスを開けたりなんて、絶対にするなよ！　これからの夏休み、気を引き締めて生活してくれ。解散！」

そして、すぐに踵《きびす》を返すと「よしっ、これから新チームをスタートするぞ！」と練習をはじめた。**本当にどこまでも「最高の野球バカ」だとしか言いようがない。**

僕を買ってくれていた監督の「20歳の予言」

これで僕の高校球児としての生活は終わった……と思っていたら、その日の夕方、マネージャーから電話が鳴った。

「監督が明日の練習に来てくれと言っています」

えっ、なんやろ？　と思いながら、翌日、グラウンドに足を運んだ。監督は言った。

「お前、もう大学が決まっているんだろ？　だったら、今日から少し練習を手伝ってくれないかな」

まさに休む間もなく、引退の翌日から、だ。それから夏休みの1カ月間、僕は毎日、いままでのように練習に参加し、後輩のために投げたり、監督の代わりにノックを打ったりしていた。これじゃ、いつまでたっても彼女なんてできるはずもない。

はっきりとは言わなかったが、監督は「後輩たちを勝たせるために、最後にひと肌脱いでくれないか」という意味合いで、僕を練習に招集した。そんなことはもう、言葉がなくても伝わるし、僕も意気に感じたから、喜んで協力した。

こうして練習の手伝いをするようになって気づいたことがあった。

監督がすごく優しい。

練習の合間、僕に「おい、お前はもう引退したんだから、もう座っていいんだぞ」と席を勧め、「どれでも好きなジュースを飲んでいいからな」とドリンクまで差し出してくれた。僕への対応が、これまでとは180度変わった。

きっと、この「優しい先生」が本当の顔で、いままでは勝つことだけを追求し、あえて厳しい鬼の表情を見せてくれていたのだ。

それまで、監督が女子から好かれているのが「?」だったけれども、引退してからの僕への接し方を見て「あぁ、こういうことか」と理解できた。

ほかにも引退後も練習に参加したことで、僕には大きな収穫があった。ノックを打つ、練習試合で審判を務める。それまでとまったく違った立場で野球に関わった。がんばる後輩たちを応援する側に回り、その視点から野球を見た。

それはとても新鮮な体験だった。**大学に行くための大事な準備期間を監督が作ってくれたのだと感じた。**

これはあとで聞いた話なのだが、僕が引退するとき、母が監督に「うちの子はどうなんでしょう?」と質問したという。大学進学も決まり野球を続けるというが、それで将来的な可能性はあるのかを聞いたのだ。そのとき、監督はこう答えたという。

「彼はまだ細くて、体ができあがっていないから結果が出ていないだけで、素質はあります。自分がいままで指導してきて、プロまで行った選手たちと同じような素質を持っている。だから、20歳を過ぎるまでは辛抱してあげてください。大学を卒業するまでは待ってあげてください」

母はその言葉を信じて、僕を大学へと送り出してくれた。

僕が入学したばかりのときに「監督は僕を買ってくれている、気にかけてくれている」と勝手に思っていたことが、けっして勘違いでも思い込みでもなく、本当にこんな風に素質を見込んでくれていたとわかっただけでうれしかった。

それよりも驚いたのは、実際に僕が20歳ぐらいになったタイミングで身長の伸びが止まり、どんどん体が横に大きくなったこと。それに伴って、球も速くなり、自信もついた。もう高校卒業時に監督が言ったとおりの未来が20歳の僕にやってきたのだった。

きっと、高校在学中にここまで僕を買ってくれていたのは監督だけだったと思う。実際、ひとつ上の代のキャプテンだった先輩にお会いしたときにも、「まさかお前がプロに行くとは思っていなかったよ」と言われた。それこそ同級生はみんな驚いていると思う。

それほど僕は「地味」だったのだ。

でも、信頼できる監督と出会うことができて、ずっと監督を信じてついていったことで、体だけでなく、心や考え方という意味でも力をつけることができた。

ド派手な甲子園のスターにはなれなかったけれど、僕はこの地味な高校生活を誇りに思っている。

はじめて求められて、大学へ進学

高校受験のときとは違い、早い段階から大学進学を決めてはいたけれど、これまた、なかなか上手くはことが運ばなかった。

実は行きたい大学があったのだが、僕はセレクションで落ちてしまった。

さて、どうしようとなったとき、監督に呼ばれた。

「京都産業大学さんからお前に話がきているけど、どうする?」

なんでも京都産業大学の勝村法彦《のりひこ》監督が鳥羽高校の試合を見にきたことがあったらしい。そのときはエースのピッチングを視察しにきたのに、勝村監督は「それよりもブルペンで投げていたピッチャーが気になった。彼はプロに行けると思う。彼を獲りにいってくれないか」と、周りの人たちに話していたという。

そのブルペンで投げていた控え投手というのが僕だった。

なんの結果も出せていなかったが、自分を信じ、監督を信じてコツコツ努力をしていたら、それを見てくれている人がいた。

とてもありがたい話だったが、正直なところ最初は戸惑った。京都産業大学といえばラグビーが強いのは有名だが、野球のイメージはあまりなかったからだ。

悩んでいる僕を見て、監督はこう言った。

「たしかに京都産業大学は10年ぐらい優勝していない。でも、龍谷大学とか大阪商業大学みたいな強いチームと同じリーグだし、その中に飛び込んで野球をやるのも面白いんじゃないか？　それこそ自分が優勝に導いてやる、ぐらいの気持ちで」

そう言われたら、急に興味が出てきた。強いチームに入るのもいいけど、たしかにもっと強いチームとたくさん対戦できるというのも、なかなか面白い話だ。しかも、**大学側から「求められて」入るのは、単純にうれしいことだし、使命感も湧く。**

どんな大学なのか、どんなチームなのかはまったくわからなかったけれども、ひとつ上の先輩が進学している。これはものすごく心強かった。

そして、僕は京都産業大学に進学した。

大学野球に対するイメージはあまり明確に持っていなかったが、そこは自分が想像していたよりも遥かに上下関係の厳しい世界だった。

1年生のあいだは、ほとんど丸坊主。ここではじめて寮生活を体験したが、すべてが連帯責任なので、1年生の誰かが問題を起こせば、全員が外出禁止になった上で丸坊主。ようやく髪が伸びてきたところで、また誰かがやらかしたら、ふたたび丸坊主にして……の繰り返し。

かなり激しい生活環境の変化だったが、なぜか僕はそういう状況にも順応できる。それは今でも変わらない。だからメジャーに行っても、すぐになじめたのだろう。

寮に入った瞬間、4年生2人との相部屋だったときにはさすがに絶句したが、2人とも優しい先輩だったので助かった。

高校でも、大学でも上下関係は厳しかったが、極端ないじめやしごきがなかったのは幸いだった。それは監督がしっかりブレーキをかけてくれていたからだと思う。だから、今となってみれば、初の寮生活も楽しい思い出ばかりだ。親元を離れる不安も特になかったし、とにかく野球に集中できる環境だったという印象のほうが強く残っている。

環境の変化に柔軟に対応できる、というのも、自分の力を最大限に引き出すためには、大きな要素だと思う。

「お前はストレート以外投げるなよ」

高校のときは最後までエースになれなかったし、最初のうちはピッチングすらさせてもらえなかったが、大学では1年の早い段階から登板の機会に恵まれた。

ただ、監督からはある条件がつけられた。

それは**「お前、ストレート以外は投げるなよ」**というもの。

僕はその言葉を守り、1年の夏はストレート一本で乗り切った。それでなんとか抑えられたので手応えを感じていると、秋の大会ではけっこう打たれはじめた。

練習試合では抑えられるが、公式戦では打たれる。そんな厳しさを味わいながらも、監督に言われたとおり、ひたすらストレート一本のピッチングを貫いた。

監督の考え方は、「下手に変化球を覚えて、それに頼るようなピッチングになるのはどうか。いまはストレートを磨く時期だ」というものだった。**目の前の結果だけを追い求めるのではなくて、4年間の長いスパンで考えてくれていたのだろう。**

まず1年生でまっすぐを武器にする。それをやりきったら、2年生では少しレベルを上げていくという指導法だった。とはいえ、まっすぐだけでは打たれはじめてきている。球速が極端に上がることはないので、あとはもう制球で勝負するしかない。結果、直球の制球力がかなり上がった。コントロールがよくなれば、まっすぐ一本でも勝負できる。

1年秋の大会では、早くも優勝を味わえた。僕としては入っていきなりの優勝だったが、学校としては10年ぶりの優勝だった。

もちろん先輩方の力で勝ちとった優勝だったが、僕もマウンドに立っていたので、少しは貢献できたと思った。なんとなく大学野球でもやっていけそうだと感じはじめていた。

しかし、それはとんだ勘違いだったのだ。

伸びる前に鼻を折るという監督の計算

2年生になって、僕は2番手のピッチャーになれると思っていた。まず4年生のエースがいて、次にくるのが僕。監督もそう思っているみたいだし、僕もこのまま順調にいけば、当然、そうなるだろう、と。変な自信が出てきていた。

そのせいか、まったく自覚がなかったが、いつしか僕の練習態度はかなり横柄になっていたらしい。

監督はそれに気づいていたが、あえて注意をせずに僕を「泳がせていた」という。

調子に乗っていた僕は案の定、春の公式戦でボロクソに打たれてしまった。

すると、その試合後、監督はほかの選手がいる前で、僕を叱りつけた。

「最近のお前の練習での態度や野球への向き合い方、その結果が今日の試合に出たな。お前、なにを勘違いしとるんや！」

まさかの公開説教だった。

僕はまさに勘違いしている状態だったから、その説教を素直に受け入れることができずカチンときていた。

なんで一度打たれたぐらいで、みんなの前で叱られなくちゃいけないのか？

だが、監督は僕の反応まで計算ずくで、わざわざ人前で怒鳴ってみせた――そう聞かされたのは後日のことだ。

日々の練習を通じて、監督は僕がダメになると肌で感じていた。でも、そこで注意するのではなく、打たれてボロボロになるまで放置しておこう、と。打たれて、恥をかいたところで、さらにチームの前でガツンと叱って追い打ちをかける。

それで腐ってしまうか、それとも「見返してやる!」と燃えて、再浮上してくるか?

監督は僕の性格をわかっていたから、絶対にそこから這い上がってくるだろうと確信して、こういう怒り方をした。

すべて監督の掌《てのひら》の上で踊らされていたようなものだ。

これはありがたかった。

自分では天狗になっているつもりはなかったのだが、あの段階でポキッと鼻を折ってくれたことで、僕は道を間違えず、地味な自分を見失わずに済んだ。

あの一喝がなかったら、その後の僕の野球人生は大きく変わっていただろう。

自分を知る、自分の体を知る

正直、一度はカチンときたものの、ちょっと冷静になって、自分のことを俯瞰で眺めてみたら、監督が僕になにを伝えたかったのかもわかってきた。

そうなると、もう大学での野球が面白くて仕方なくなってくる。高校までの野球と違って、大学野球は最終的に「自分がちゃんとしなくちゃダメ」というものだった。

いま振り返ってみると、僕は大学で監督から具体的な指導を受けた記憶がない。どうやったら上手くなるとか、ピッチングフォームをどうしたらいいか、といったことは1回も教えてもらっていない。

投げ方に関しては「これがお前のやり方なんだから、もうこれでいい」と矯正《きょうせい》されることもなく、「あとはお前がどれだけ積み上げていけるかだよ」といった感じ。

野球のテクニックについてはあれこれ言われなかったが、大人としての心得であるとか、社会の一員としての最低限の礼儀であるとか、勝村監督にはそのあたりをしっかりと教えていただいた。大学野球なのだけれど、どこか大学野球ではないような規律正しさがあの学校にはあった。

根本的な部分でのアドバイスは本当にためになった。たとえば「姿勢」だ。日常の姿勢がちゃんとしていないと、ピッチングフォームも崩れる。

歩いているときの姿勢、走っているときの姿勢、ご飯を食べているときの姿勢、バイクに乗っているときの姿勢……そういう部分を学ぶことで、スポーツ選手としていちばん大事なことを覚えていくことになる。

それは「自分の体を知ること」。

「甲子園でバリバリ活躍していた選手が大学やプロに進んでダメになってしまうパターンが多いやろ？　なんでかわかるか？　それは高校のときにただただ野球を『やらされてきた』からや。甲子園に出ることが目的だったら、それでいい。でも、そういう子が大学に入ってくると、すぐになにをやっていいのかわからなくなって、パタッと成長が止まってしまう。**長く野球を続けていきたいなら、自分で考える能力をつけなくちゃいかん**」

僕は監督のその言葉がよく理解できた。

僕の場合、中学生のときから野球について「考える」ことを学び、高校でも厳しく指導を受ける一方で、自主性も重視してもらえる環境にあった。そして、戦術について考えることで野球の楽しさが広がることも教えてもらった。

大学で一瞬、鼻が伸びそうになったが、すぐに対応できたのは、そういったバックボーンがあったからだと思っている。

自分の体を知る、というのも高校のときから意識してきたことだ。

まったく自分の体をわかっていなかったから、腰を故障してしまったわけで、それを転機として自分の体についていろいろと考えるようになった。

これが簡単そうで難しい。いまでも自分の体を完全に熟知しているかと聞かれたら、まだまだわかっていない部分も多々あるとしか答えようがない。

たとえば肩が張ったとする。自分の体についての知識がなにもなければ、肩の治療をしようと考えるだろう。ある意味では当然のことだ。

でも、自分の体の特徴をよく理解していれば、「俺は右の股関節が悪いから、そこのはまりをよくすればいい。そうすれば肩に余分な力が入らなくなる」と、股関節の動きをよくするトレーニングをする。

結果として、肩の張りが取れて、全身のコンディションが整う。こういったことが、いろいろあるから、自分の体とはいえまだまだわからないことばかりなのだ。

そういうことを大学時代、徹底的に追求してきた。

体の動きをひとつひとつ確認し、その効果を検証する。めちゃくちゃ地味な話だが、そうやって自分を知っていくことによって、ストレート一本でも勝負できるボールの威力を身につけることができたし、その延長線上にいまの自分がいる。

それは中学時代の教えを核に、少しずつ、そして地味に「考えること」をグレードアップさせてきた成果だともいえる。

それを無意識のうちに大学時代までコツコツと続けてきたのだ。

こうしたことは、自分の中でだけ理解できることなので、傍目《はため》からはまったくわからないだろう。でも自分を知ることで、より自分を信じられる。この「地味すぎる追求」だけは中学でも高校でも大学でもメジャーでも、何ら変わることなく続けていける。

二度と勘違いをしない「自制心」

こうして大学時代は当時の関西での記録となるような好成績を残すことができた。

ざっとふりかえると、リーグ通算で56試合に登板。36勝と404奪三振は、いまなおリーグ記録らしい。最優秀選手に2回、ベストナインには4回も選出された。コントロールがよくなり、体が大きくなってきたことで球速もグンと伸びたのが最大の要因だろう。

4年生になると、監督から「そろそろ練習しておくか？」と言われて、フォークボールを投げるようになった。

たしかにフォークを1年のときから使っていたら、ピッチングの土台を作ることはできなかっただろう。ストレート一本で勝負できるようになった上で、そこにもう一枚、フォークボールが乗っかることで、より自信を持って投げられるようになった。

3年の秋ぐらいにはプロ野球から6球団が「これから1年間、見させていただきます」と挨拶にきてくれた。

さすがにこれには舞い上がった。プロのスカウトの人たちがスタンドで見ていると思うと、ちょっといいところを見せたいと思うし、全身に力が入ってしまう。

そんなとき、いつも頭に浮かんだのが、2年生のとき、みんなの前で監督に怒鳴られたあのシーンだった。

そうだ、いかんいかん。

ここで調子に乗ったら、あのときと同じことを繰り返す。

冷静に考えれば、関西リーグではたしかに記録を作ったが、もし自分が東京の大学で野球をやっていたとしたら、ここまでの好成績は残せただろうか……そうやって自分を第三者的な視点で評価することで勘違いは防止することができた。

怒られたあの日からコツコツとやってきたことが一瞬にして無になってしまうことは本当に怖かった。だから、いつでも我に返ることができた。あのときの一喝は本当に僕の人生を変えたんだなとしみじみ思う。

こうして僕は

プロ野球選手になることとなった。

野球をはじめたときにはまったく考えてなかったし、大学3年の春になって、ようやく視野に入ってきたプロの世界。

ここまで、自分と指導者の先生方を信じて、地道な鍛錬を続けてきた。高校まではパッとしなかったけれど、大学に入ってようやく納得できる結果を残せるようになった。

たとえフィールドがプロに変わっても、これまでの努力の延長で通用するはずだ……この段階では、僕はそんな甘いことを考えていた。

［第3章］

プロ野球での「派手な失敗」&「地味な成功」

僕がオリックスに入団した理由

大学3年のとき、6球団ぐらいが挨拶しにきてくれたことは前の章にも書いた。その中にはオリックスの名前もあった。

勝村監督は「まだまだ視野を広げていく段階だから、まだどのチームに行きたいとか絞りこまなくてていいいからな」と言ってくれた。

でも僕はオリックスが気になった。

なぜなら、本当にもう、どこに行ってもスカウトさんの姿があったから。公式戦はもちろんのこと、ちょっとした練習試合まで追っかけてくれている。

球場で会っても挨拶を交わすぐらいで、しゃべったりはしないのだが、**「えっ、こんなところまで?」というような場所にまで来て、見つづけていてくれたのだ。**

それがわかっていたから、当時のドラフトのルール、「逆指名」では迷うことなくオリックスを選んだ。

もし他球団からどんなに熱烈なオファーをもらったとしても、僕はオリックスを選んでいたと思う。実際に他球団からの申し入れもあったのだが、ずっと見つづけてくれたオリックスからのオファーがあった時点でほかは考えなかった。

学生時代、ほとんどマスコミからカメラを向けられることもなく、大きく報道されることもなかった。だから、実際に球場に足を運ばなければ、僕のことを見ることはできなかったのだろうと思う。

そうだったとしても、わざわざ追いかけるには時間も、手間も、お金もかかる。やっぱりありがたすぎる話だ。

それだけの労力をかけて、「やっぱりコイツはいらない」と判断されたら、そこまで追いかけてきたことが、すべて無駄になってしまう。

足を運んで顔を見せて、その表情で熱意を伝える。それがスカウトの仕事なのだと言ってしまえばそれまでだが、ずーっと見つづけてくれて、その上で僕が必要だと申し入れてくれたのだから、こんなに幸せなことはなかった。

もしも僕が小さいころからプロ野球に憧れて、プロ野球選手になることを目標にしていたのだったら、また違ったかもしれない。

どうしても、あの球団に入りたいとか、なにがなんでもあのユニフォームに袖を通したいとか、そういう感情が強くなった可能性はある。

でも、僕にはそれがまったくなかった。

なにせ大学3年の終わりごろになって、プロのスカウトさんの挨拶を受けて、そこではじめてプロ入りを意識したのだ。そんなことを考える時間も、特別な感情が生まれるひまもなかった。

関西で生まれ、関西で育ったので、やっぱり関西の球団がいいかなという思いはどこかにあったが、それが絶対条件ということもなかった。

求めてくれたから、僕はオリックスを選んだ。

こんなに地味な僕のことをずっと追いかけてくれた。必要としてくれている。

僕は僕のことを必要としてくれることがうれしいし、その気持ちになんとか応えたいという気持ちでやっている。
それはいまも変わらない。

注目されて自分を見失う

あまりなんでもズケズケと書きすぎるのもどうかとは思うが、嘘をついても仕方ないのでハッキリ書いてしまえば、入団した時点では、そんなにプロ野球の世界は厳しいものではないだろうと思っていた。

僕は中学、高校、大学と進学するたびにレベルの高い野球に触れることができた。だんだんと野球が高度になっていくのは肌で感じていたし、毎回、早い段階でちょっとした挫折も味わってきた。

ただ、僕は要領のいいところがあって、新しい環境に上手いこと順応できるタイプだったようで、一度、壁を乗り越えてしまえば、そのあとはそれほど苦労せずに、いままでより高いレベルの中でも、なんとかやっていくことができた。

プロのレベルは、大学生とはまた比べものにならないほど高いとは思っていた。でも、これまでの「節目」と同じように、いまの延長でなんとかなるんじゃないかとどこかで楽観視している自分がいた。

ところが、キャンプインと同時にそんなものは粉々に打ち砕かれた。

その要因はこれまでに味わったことのない環境の変化だった。

常にマスコミの人たちが何人もいて、テレビカメラが回っている。もちろん別に僕を狙っているわけではないのはわかっているが、こんなに注目される環境下で練習をしたことなどなかったから、さすがに面くらった。

これでペースが狂った。

学生時代は自分流を貫くことで、なんとか周りに順応していた。それは、自分の世界に入り込んだり、自分のことを俯瞰したりすることだった。

しかし、プロの世界では「自分のやりたいようにやる」などということは、絶対に認められないことだった。

僕のことを映像や文章で伝えようとする人たちがいる。僕を即戦力としてマウンドに送りだそうとする人がいる。みんなが僕に注目しているのは、その人たちの生活に関わってくるからだ。

学生との決定的な違いはそこだった。だから僕は完全に自分というものを見失ってしまった。「地味」すぎる僕が、「派手」すぎる世界で我を失ってしまったといってもいい。

いままで何年も野球をやってきて、こんなにもめちゃくちゃな……自分を見失った時期を過ごしたことはなかった。

大げさな話ではなく、プロ入り1年目のキャンプで、僕は自分の投げたいボールを1球も放ることができなかったのだ。

すごいことを当たり前にやるのがプロ

さすがに見かねたピッチングコーチが助言してくれた。

「おい、大学に連絡して、大学時代のDVDを送ってもらえ」

数日後にDVDが届くと、コーチはその映像を見てこう言った。

「お前、大学のときのピッチングのほうがぜんぜんいいぞ。完全にこの感覚を忘れてしまっているな。もう、なにも気にしなくていいから、大学時代の感じで投げろ。それでもおかしいと思ったら、大学時代の監督に見てもらってアドバイスしてもらってもいいから」

このひとことで本当に救われた。

大卒の逆指名だから、当然、即戦力として獲ってもらったというプレッシャーがあった。それに、求められているという意識が、必要以上に体を堅くした。

期待以上の結果を出さなければならないという思いもあった。それらがすべて空回りしてしまったのかもしれない。

でも、そんなのは言い訳だ。

ブルペンに入って、もう嫌というほど現実を見せつけられた。当時、158キロで日本記録を持っていた山口和男さんの投球を間近で見たときには「速い！」と絶句した。

エースだった川越英隆さんのコントロールの素晴らしさには、もう言葉も出なかった。

僕がペースを崩してしまったもうひとつの理由にストライクゾーンがある。日本とアメリカではストライクゾーンが違うのは、ファンのみなさんも中継を見ていればわかると思う。同じように、学生野球とプロ野球とではゾーンが違う。

高校野球を見ていればストライクゾーンがとても広い。大学野球は少し狭くなる。しかし、プロのストライクゾーンはさらにシビアで、これまでの経験で自分では絶対にストライクだと思った球がことごとくボールと判定された。これもまた調子が狂った原因だった。大学時代の「ストレート一本勝負」の経験から、少なからずコントロールには自信があった僕だったが、川越さんのコントロールはその何段も上をいっていたし、そうでないとプロではやっていけないと実感した。

そして、気づいた。

プロだからすごいんじゃない。すごいからプロなのでもない。

こんなにすごいことを当たり前のようにやってのけるのがプロなんだと。

そして、恐ろしいことに僕はもうその世界の一員になってしまっていたのだ。

憧れの存在と同じ世界で戦うということ

こんな最悪のスタートを切った僕にも、球団はチャンスをくれた。しかし、オープン戦ではこれでもかと打たれまくった。

それでも、幸運にも開幕直後には順調に勝ち星を重ねることができた。情報戦という部分が無視できないプロ野球では、「正体不明」の新人にはそれだけでアドバンテージがある。

しかし、当然のようにシーズンの後半まではその調子をキープすることはできなかった。キャンプの段階ですでに「プロの壁」を感じたが、公式戦がスタートすると、それはよりリアルな形になっていく。

甲子園で観戦していた松坂大輔さんと投げ合うことになるなんて、あのときは想像もしていなかったが、実現した。

それは感動的なことではあったが、感傷に浸っている場合ではない。プロ野球は、抑えるか打たれるか。勝つか負けるか。そんな厳しい世界だ。

神様のような存在も、憧れだった選手も、みんな同じ世界の中に生きていて、直接、対決しなくてはいけない。

さらにいままで経験したことがなかったのが助っ人外国人選手との対戦だ。

いきなりアレックス・カブレラと対峙《たいじ》したときには、「こんな人間離れした選手が実在するのか……」と衝撃を覚えた。

日本人とは骨格からして違うので、マウンドから見ても迫力がまったく違う。カルチャーショックなどという生易しいものではなかった。それが、1日に何打席も対戦しなくてはいけないのだから。

子供のころから、ずっと心のどこかにあった「野球を楽しむ」という感覚は、プロ1年目にして、いったん粉々に砕け散った。

プロなんだから。

趣味ではなく、仕事なんだから。その当たり前の事実にしばらくは戸惑っていた。

アマチュア時代の「美学」を捨てる

そして、プロとして生きていくためには、アマチュア時代とはまったく違う立ち位置で野球と向き合わなくてはいけないという「決心」をした。

大学時代、僕が404奪三振の記録を作ったことは2章の最後に綴った。

平成14年から17年にかけて作ったこの記録は、平成のあいだは破られることなく、令和2年4月の段階でも、まだ関西六大学野球連盟の記録として残っていると聞いた。

もちろん、ただ漫然と投げていては三振をたくさん重ねられない。自分なりに三振を意識して投げてきた結果がこの記録だ。

自分の「美学」というと大げさかもしれないが、僕は完璧なピッチングをしたいという欲だけは強く持ってきた。

コーナーいっぱいを狙ったボールが甘く中に入ってしまったときなどは、たとえ結果的にバッターが打ち損じて凡打に終わっても納得いかなかった。

「なんで、あんなところに投げてしまったんや」と心の中で舌打ちしていたぐらいだった。

しかし、もう1年目の早い段階で、プロでやっていく以上はそんな考え方は捨てなくてはいけないと気づいた。

失投してもアウトにできれば、それは僕の手柄。どんなにいい球を投げても、ヒットになったら、それは僕の責任。

投球内容へのこだわりなど、

単なる自己満足に過ぎない。

世の中は結果だ。

そんなのは常識だと笑われるかもしれないが、アマチュア時代の僕はそのあたりのことが割り切れていなかった。

そういったこだわりは、もう捨てなくてはいけない。

こだわりというものは、なかなか簡単には捨てられないものだが、僕の場合は驚くぐらい、あっさりとこれまでのスタイルを手放して、プロのスタイル、「プロの考え方」に移行することができた。

移行できたというよりも、そうしなければプロの世界ではやっていけないと早々に観念したのだ。

高校時代にも同級生エースとの圧倒的な実力差に「観念」した僕だったが、観念してから地味に強くなっていく。

フォークボールを低めに投げてゴロを打たせる。

まっすぐでもコースを上手く狙って打ち取る。

最終的には2ストライクまで追いこんでも、「空振りせんでもいいから、ゴロを打ってくれんかなあ」と、控えめに願いながら低めに放る。

「結果オーライ」大歓迎。

自分の中のこだわりなんて、プロとしては1円の価値もない。

納得できなくても、勝つことができれば、そちらのほうが正しい。

僕の「五月病」はこうして乗り切った。会社勤めの経験はないが、新社会人が五月病で悩むのは、きっとこういうことなのではないかと思った。

自分の思っていた仕事と、実際に新社会人が直面する仕事とのギャップ。そのこだわりが強い真面目な人ほど、現実の厳しさや、あるいは「曖昧さ」を受け入れることができずに、進めなくなってしまう。

「俺はプロなんだ」という意識を持つことで、自分のこだわりから離れることができる。

これは僕の経験から思うことだ。

実際、オープン戦で打たれまくった僕が、開幕からチャンスをもらえたのは、そうやってプロの考え方に順応できたからだと思う。

はじめての苦境、最大の失敗

1年目は7勝11敗。

2年目が8勝13敗。

負け数のほうが先行してしまってはいたけれども、なんとか1年を通じてローテーションを守ることはできた。

ところが3年目の開幕直前に右ヒジを傷めてしまい、遊離軟骨《ゆうりなんこつ》を除去するための手術を受けることになってしまった。

結果、3年目はまるまる1年、治療とリハビリに充てることとなり、一度もマウンドに立つことなくシーズンを終えた。

そして4年目、2009年シーズンのキャンプイン。

僕は当時の大石大二郎監督の部屋に呼ばれた。

そこに集められたのは6人の先発ピッチャーだった。

「ここにいる6人は今年のローテーションに入っている。このキャンプで6人を競わせるとか、そういう話ではないから。もう、この6人で決まりだ」

監督にそう言われて、僕は燃えた。

「今年はやらなアカン！」

いまになって思えば、こういうときこそ、一度、冷静になって深呼吸をするぐらいでなくてはいけないのに、まず気持ちが突っ走ってしまった。

いや、それも間違いではないとは思う。

ただ、そのときの自分の状況を思えば、けっして得策ではなかった。

まるまる1年間、登板することなく終わるというのは、プロに入ってからはもちろんはじめてだし、学生時代にケガをしたときだって、ここまでブランクが空いてしまったことはなかった。

はじめて直面する状況なのだから、もっと慎重に動くべきだった。

しかし、それはその後にさまざまな経験をしてきた今だから言えることで、あのときは1年間のブランクを取り戻すことでまず頭がいっぱいになってしまった。

同時に「1年間、投げていなかったのに大丈夫なんだろうか？」という不安も日々、大きくなっていく。

本当にローテーションを守りきれるのか？

右ヒジにメスを入れたことで影響は出ないのか？

前に進もうとする気持ちと、未知の領域に踏み出すことへの不安が激しく入り混じって、開幕を迎えるころには、もう「なんだかしんどい」という状況に陥りはじめていた。

なんとか1試合は投げることはできたのだが、そのまま僕は体調不良で戦線を離脱してしまった。

逆流性食道炎。

誰がどう考えてもストレスが引き起こしたものである。

ここまで書いてきたように、どんなに環境が変わろうと器用に順応できてしまうのが僕の特長で、どこにいてもさほど苦労せずにやってこられたのだが、ついに「いままで」は通用しなくなってしまった。

理由はわかっている。

どんな状況にも順応できるというのは、けっして楽天的な性格であっけらかんと「気にしない」というわけではないのだ。コツコツと練習を積み重ねてきたという自分なりの裏付けが、しっかりと存在しているのが基礎にあって、「大丈夫だ」という自信になっていた。

しかし、手術からリハビリを経て、その「コツコツ」のペースがこれまでとはちょっと違ったものになってしまった。

だから必要以上に不安を感じたし、それが病気という形で表面化した。

自分では焦っていないつもりでも、失われた時間を取り戻そうとしたり、自分のペースがつかめなくなると、「地道なコツコツ」に乱れが生じる。

これまでの僕の「失敗パターン」にはまってしまった。

なんとか5月には戦列に復帰できたものの、このシーズンは3勝12敗。またしても結果は残せなかったのだ。

転機を受け入れるのもプロの宿命

2009年の秋、岡田彰布さんが新監督に就任した。そのとき秋季キャンプの最中に、先発ピッチャーが4人だけ監督に呼ばれたことがあった。

自分も一度、経験しているからわかる。

この4人は来季のローテーション確定なんだ、と。

僕は呼ばれなかった。

まだ可能性は残っている。先発の枠はまだあるし、そこに自分の名前が入るかもしれない、というわずかな望みはある。

もちろん自分の中でも「先発争いに勝つ」という闘志はあった。

しかし、前シーズンの成績を冷静に考えると、新監督は僕を先発としては不合格と考えてもおかしくない。正直なところ、自分が先発投手だと主張するのもおこがましいぐらいの成績なのだとは感じていた。

だから2010年春のキャンプでは、最初からギアをひとつ上げるぐらいの気持ちで臨んでいた。

キャンプインの時点では先発として投げていたのだが、ある時点で岡田監督からこう話しかけられた。

「平野は、先発よりも中継ぎのほうがいいんじゃないか？」

配置転換の打診だった。

中学生のときからずっと先発完投型の「エース」を目指してやってきた。高校のときこそ、2番手に甘んじてはいたが、「リリーフ投手」という意識ではなかった。

だから、「中継ぎへ」という方向転換は、正直なところ残念だった。

それに先発として、プロで10勝をあげたシーズンがひとつもない、というのも、心残りにはなっていた。

だが、僕は落ち込むことなく、中継ぎへの転向を受け入れた。

たしかに心残りのようなものはあったけれども、それよりも「1軍で投げたい」という気持ちが強かった。チャンスがあるのなら中継ぎ転向を断る理由などない。

よくよく考えれば、2008年はケガで1年を棒に振り、2009年はローテーションに戻ってもわずか3勝に終わったのだ。そんな自分に中継ぎという新しいポジションで「生きる場所」を与えてくれるのだから、こんなにありがたい話はない。

そんな状況を考えれば、先発を外されたショックなど、感じる間もなかった。

もう「中継ぎのほうがいいんじゃないか?」と言われた瞬間に、「よし、じゃあ、中継ぎでやってやる!」と、考え方を前向きにスイッチしていた。

これがプロの宿命だ。

チームの状況を見て、必要とあれば個人の事情や感情よりも全体のメリットのために、配置転換を伝えられる。

たとえばローテーション入りという「栄転」もあれば、2軍行きという「左遷」もあるし、極論すれば戦力外通告という「更迭《こうてつ》」だってある。それはプロの宿命だ。

このようなことは、一般の会社員や公務員などでもあるだろう。

首脳陣は、なんのためにこの仕事をするのかと目的を確認し、どんな結果が必要なのかと目標を設定する。そのためにはなにをどうすればいいかと戦略を考え、誰がなにをするのがもっとも効果的かとチームの構成を考える。

もちろんその段階で、個人個人の希望や特性が生かせるようにできるのが望ましいが、本人が持っている自分へのイメージと、他者が客観的に判断するものとが違うのは、よくあることだ。

ここで、それを不満に感じて新しい仕事を投げやりな態度でやるか、それともきっぱりと頭を切り替えて次の役割に集中できるかで、その後の運命は大きく変わるはずだ。

ひとつには首脳陣を信用するかどうかも大きい。

その判断が本当に「適材適所」を考えた人の配置なのか。**そこを自分なりに冷静に考えて、納得することが大切だと思う。**多くの場合は、自分の勝手な思い込みよりも、首脳陣がいろいろと可能性を広げて、その中から選択した判断のほうが「根拠」があるケースが多いからだ。僕の場合も、すぐに第三者的な視点に立っていた。

「岡田監督は、阪神タイガースの監督時代に、ジェフ・ウィリアムス、藤川球児さん、久保田智之さんによる鉄壁のリリーフ陣・JFKを作り上げたように、継投策に定評がある監督だ。俺を中継ぎに配置したら、どんな起用をするのだろう？」と、楽しみにすら感じていた。

指揮官も人を活用し、判断をくだすプロフェッショナルだ。そして現場の第一線で自分の持てる技能をフルに発揮する僕たち「兵隊」もプロフェッショナルだ。

だから、急に配置転換を告げられるのもプロならではのことであり、それを受け入れて自分の持ち場でベストを尽くすのもプロならではのこと、僕はそう思う。

結果として、この中継ぎ転向が僕の運命を大きく変えた。

あのまま先発に固執して、ひねくれていたら、僕の2010年シーズンはパッとしないまま終わっていただろう。

そのオフ、または次の年のオフには、戦力外通告を受けていたかもしれない。そこで野球人生が終わってしまったかもしれない。その可能性は大いにあったと思っている。そして、メジャーにも行けていなかった可能性だってある。

中継ぎになって本当によかったと思っている。

誰にも「生まれ持った才能」はある

監督の助言で僕は先発から中継ぎへ転向した。「人を活用するプロ」である監督の助言は的確だった。正直な話、自分が中継ぎに向いているかどうかなんて、僕自身ではわからなかった。先発でやりたいという思いが残っているから、冷静な判断は難しい。そもそも「今度は、中継ぎに挑戦してみよう」などという発想もなければ、そんな選択肢すら想像できなかった。

その後、中継ぎをやっていく中で、たしかに自分は中継ぎに向いているのかもしれないと、あらためて思うことはあった。

ブルペンで緊張感を高め、その高揚感を残したままマウンドに立つ。

急に「行け！」と言われても対応できる。

負担はかかるけれど、毎日ブルペンで準備することがさほど苦にならない。

すべて中継ぎに必要な要素だ。

それをキャンプでのブルペン投球から見ぬくのだから、監督の眼力はすごいと思う。

この本の打ち合わせをしているときのエピソードだ。担当編集者がなにげなく言った。

「平野さんって、おそらくもともと体が丈夫なんでしょうね。だから、あれだけたくさんの試合で投げても壊れない」

そう言ったあと、「あっ！」という表情を浮かべて「ちょっと失礼なことを口にしてしまいましたね。すみません」と謝ってきた。

なるほど、練習や努力で身につけたものは褒めてもいいけれど、生まれもっての体力を絶賛するのはプロに対して失礼と思ったのかもしれない。

でも、僕はそう言われて素直にうれしかった。

そう、僕は体が丈夫なのだ。

オリックス時代に監督、トレーニングコーチ、トレーナーさんの雑談で、「ウチで誰が一番、体が強いんや?」という話になったとき、半数以上の人が僕の名前をあげてくれたという。それを聞いたときも、うれしかった。

たしかにトレーニングで筋肉をつけたり、体重を増やしたりはできても、身長ばかりはどうすることもできない。いわゆる「持って生まれた体の頑丈さ」もまたしかり。

これはもう心から両親に「ありがとう!」と感謝している。

地味と派手を考えていくと、「スーパースターは生まれたときから華がある」というような表現を使いがちだが、僕には「頑丈な体」という地味ながら一生ものとなる最強の武器が授けられていたことにあらためて気づく。

これも中継ぎをやらなかったら、そこまで意識することはなかっただろう。

意外とそういうことは多いのではないだろうか。

特別な才能を持っていても、それを見つけることができず、もっともその才能を発揮できる仕事に出会えなかったことで、自分でもまったく気づかない。そして、そのまま放置されてしまい、才能は眠ったまま……。

だから、自分で「これは俺には向いていないからやらない」と頭から決めてしまうのは、本当にもったいないことなのだ。

逆に第三者の目で「これが向いているのでは？」とアドバイスしてもらえたときは、自分でも気づいていない才能が芽吹く大チャンスだ。

実際、僕の場合も25歳を過ぎてから、はじめてトライした中継ぎでプロとして開花させてもらった。きっと、どんな人も生まれ持っての才能が隠されている。だから、なにげない周囲からのアドバイスには耳を傾けたほうがいいのだ。

そして、才能を見ぬく目を持った人は、その若い芽に自信を持たせるようなアドバイスをどんどんしてほしいと思う。

仕事とは家族を養うためのお金を稼ぐ手段

プロ野球選手になってから、自分がどう変わったかを考えると、いろいろと割り切って考えるようになったといえる。

三振にこだわるスタイルを捨てて、あえて打たせるピッチングを目指したのもそう。監督から提示された配置転換に素直に応じたのもそう。それによって、自分なりの「プロとはなにか」が見えてきた。

プロとは「職業」である。

強調するまでもなく、言葉としてもまったく当たり前のことではあるが、僕は意外と見落とされてしまうことが多い部分なのではないかと思っている。

特にたくさんのお客さんの前でプレーするプロ野球選手というのは、かなり特殊な職種であり、いろんな付加価値もついてくる。

たとえば「ファンのみなさんに夢を与える存在でなくてはいけない」ということも、プロとして大事なことだし、少年野球をやっている若者たちの将来の目標でありつづけなくてはいけないとも思う。

ただ、そういったこともひっくるめて「職業」なんだ、と僕は理解した。この世の中にはさまざまな職業があり、プロ野球選手もその中のひとつにすぎないのだ。

もちろんその職業としての活動の中で、「野球道を究めたい」という選手もいるだろうし、夢を実現させる場であるという考え方もある。実現したいことが人それぞれ違っているのは当たり前のことだ。

しかし、さまざまなことを割り切って、毎日続けていかなくてはいけないことを考えると、やっぱり「職業」と考えたほうがいろいろと辻褄《つじつま》があう。

つまり、僕にとって野球とは「家族を養うためのお金を稼ぐ手段」だ。

こう書いてしまうと、すごくドライな感じに聞こえてしまって、ファンの方の夢を奪ってしまうかもしれないとは思う。

もちろん、僕だって子供のころから野球をするのが大好きで、その結果、プロ野球選手という職業にたどりついたわけで、ものすごく好きなことを職業にできる幸せをかみしめている。

プロ野球選手になることを夢見ながら、ここまでたどりつけなかった選手をたくさん見てきているので、ものすごく恵まれているとも感じている。

ただ、そのことと、損得勘定抜きでプレーするのは、僕の中ではちょっと違う。

稼げなければ夢も見られないし、道だって究められない。

郵便はがき

お手数ですが
切手を
お貼りください

150-8482

東京都渋谷区恵比寿4-4-9
えびす大黒ビル
ワニブックス 書籍編集部

お買い求めいただいた本のタイトル

本書をお買い上げいただきまして、誠にありがとうございます。
本アンケートにお答えいただけたら幸いです。
ご返信いただいた方の中から、
抽選で毎月5名様に図書カード(1000円分)をプレゼントします。

ご住所 〒 TEL (- -)	
(ふりがな) お名前	
ご職業	年齢 歳
	性別 男・女
いただいたご感想を、新聞広告などに匿名で使用してもよろしいですか? (はい・いいえ)	

※ご記入いただいた「個人情報」は、許可なく他の目的で使用することはありません。
※いただいたご感想は、一部内容を改変させていただく可能性があります。

●この本をどこでお知りになりましたか?(複数回答可)

1.書店で実物を見て　　2.知人にすすめられて
3.テレビで観た(番組名:　　)
4.ラジオで聴いた(番組名:　　)
5.新聞・雑誌の書評や記事(紙・誌名:　　)
6.インターネットで(具体的に:　　)
7.新聞広告(　　新聞)　　8.その他(　　)

●購入された動機は何ですか?(複数回答可)

1.タイトルにひかれた　　2.テーマに興味をもった
3.装丁・デザインにひかれた　　4.広告や書評にひかれた
5.その他(　　)

●この本で特に良かったページはありますか?

[　　]

●最近気になる人や話題はありますか?

[　　]

●この本についてのご意見・ご感想をお書きください。

[　　]

以上となります。ご協力ありがとうございました。

2010年に中継ぎに転向した僕は、その後、クローザーに指名された。そんな中で結婚もし、家族ができた。

野球を「職業」として意識するようになったことと、自分の家族ができたこととは無関係ではない。

ありがたいことに中継ぎやクローザーとしては、いろんなタイトルをいただけるほど結果を残せたし、オールスターゲームにも選んでいただけるようになった。

僕は36歳になっても、まだ現役を続けていられるけれども、スポーツ選手が現役でいられる期間には限りがある。

最近では変わりつつあるようだが、定年までの長いあいだ勤め上げ、退職金と年金で余生をおくるといった従来の会社員の暮らしとは違って、スポーツ選手は30代、どんなに遅くても40代でその仕事がいったんは終了してしまう。

家族にいい思いをさせられるのも、現役のあいだだけだ。

自分の親たちがいて、自分の嫁と子どもがいる。

さらには嫁の親たちもいるわけで、そこまで考えたら、もっとがんばって、たくさん給料をもらわないといけないな――という考え方になってくる。

その気持ちが原動力となり、結果的にチームにも貢献できるわけだし、応援してくれる方たちの声援にも応えることだってできるのだ。

プロとしての優先順位

野球はチームワークが大事だ。

でも、もしチームが優勝できたとしても、僕自身がまったく活躍できていなかったら、素直に喜ぶことはきっとできない。

逆に僕がめちゃくちゃ活躍したのに、チームは優勝できなかったとなったら、それはそれで寂しいものがある。

だから、優先順位としてはこうだ。
① 自分が活躍して、チームも優勝。
② 自分は活躍したけれど、チームは優勝できなかった。
③ 自分は活躍できなかったけれど、チームは優勝。

もう大前提として、自分が活躍するというものがある。

もちろん僕だけが頑張っても優勝はできないので、チームメイトにも活躍してほしいし、一緒に喜びをわかちあいたい。これこそがチームプレーにつながってくるんだと思うし、そこはほかの選手と同じ考え方だと思う。

普通の企業であれば、ひとりだけ頑張っても会社の業績が上がらなかったら給料も上がらないだろうが、野球の場合はチームが優勝できなくても、ある程度は個人成績が報酬に反映されるという特殊性がある。

だから、僕には複雑な思いがある。僕はプロになってから、日本でもアメリカでも一度も優勝を体験していないからだ。

さきほど3つのパターンをあげて優先順位をつけたけれども、あの3つの中で僕はいまだにもっとも優先順位の高い①を味わえていないのだ。

逆にあえて書かなかった「④自分が活躍できず、チームも優勝できなかった」という最悪のシーズンは味わっていたが。

残りの現役生活が、なんシーズンあるのかはわからないけれども、なんとしても優勝を経験したい。毎年、優勝したチームを眺めては「いいな、楽しそうだな」と感じてきた。

実際にどういう感情になるのか体験したい。

そのためにも、やっぱり自分が頑張るしかないのだ。

緊張のピークをマウンドに持ち込まない

アマチュアとプロの大きな違いといえば、観客の多さだ。

毎日のように数万人ものお客さんの前で野球をするという経験はプロにならなくては味わうことはできない。

「あんな大観衆の前で投げるのって、めちゃくちゃ緊張しませんか?」とよく聞かれることがある。

冷静に考えれば、緊張しないはずはないのだが、僕の場合はマウンド上でまったく緊張しないのだ……というのは少々、語弊があるかもしれない。

もちろん試合で投げることに関しては緊張感を持っているのだが、そのピークはマウンド上でやってくるわけではないのだ。

僕の場合、先発のころの緊張のピークは試合がはじまる前に来ていた。

もう、「早くこの時間が過ぎてくれないかな」とプレーボールがかかるのを心待ちにしてしまうぐらい、試合直前の緊張感はえげつなかった。

それが先発のマウンドに向かっている最中に、スーッと緊張が抜けていく。いや、きっと緊張はしているのだろうが、その緊張よりも、バッターに対する「集中力」が勝っていくのだろうと思う。

これはもう、どんなシチュエーションでも変わらない。

1軍での大事な試合だろうと、調整のために2軍のマウンドに上がるときだろうと、同じようにものすごく緊張し、心臓がドキドキと高鳴る。

だから最初は多少、ドタバタしてしまう。マウンドに向かうときの極度の緊張感がまだ残っているからだ。

でも、すでに緊張のピークは超えているので、それによってピッチング内容が左右される、ということはまずない。

自分で緊張をコントロールできているわけではないが、結果として試合に集中できていたのだから、これは僕にとって「武器」なのだと思う。

ちなみに先発から中継ぎに変わっても、この傾向は変わらない。ブルペンで準備しているときが、緊張のMAXだ。

ブルペンに入った時点で、いまの点差や状況なら、どれぐらいのタイミングで声がかかるのか自分でもなんとなくわかる。だから、ブルペンで投げているときは、かなりの緊張状態にあるし、ブルペンの電話が鳴った瞬間にそれが極限に達する。

ただ、先発のときとは違って、緊張がMAXになってからマウンドに上がるまでが短いので、中継ぎの場合はマウンドに上がった段階でまだ高揚感が残っている。それが僕の場合、いい方向に作用してくれる。

もちろんブルペンで準備していても、試合の流れで登板しないまま終わる、ということもある。そんなときは、「なんだよ。せっかく最高のコンディションに整えたのにムダになったじゃないか!」などとは思わない。

そう考える人もいるかもしれないが、僕の場合は投げる可能性がなくなった瞬間に「ああ、投げることがなくてよかった」と正直、ホッとしている。

ただ、そうなったとしても一度、緊張状態は極限近くまできているわけで、自分の意識しないところで精神的にも肉体的にも負担がかかっているのだろうなと思う。

実際、シーズンが終わったときは、「はあ、やっと終わったあ！」と緊張感から解放されて、1年分ホッとするのだ。

緊張しなくなったら引退を決意するとき

たまにアスリートのインタビューで、「私はまったく緊張しません」と話しているのを聞いたり、読んだりする。率直に「すごい」と感心してしまう。

緊張せずに世界に通用するだけのパフォーマンスができるというのは、天才の領域じゃないだろうか。それはまさに「派手」な生き方ができるスターなのだと思う。

おそらく、実際には緊張しているのだと思う。

ただ、いわゆる「緊張を楽しむ」というレベルまで達しているから、もはや自分が緊張していることすら気づいていないのではないか。

いずれにしても、自分がどのタイミングでどれぐらい緊張し、その状況下でベストなパフォーマンスを引き出すにはどうしたらいいのかということを、しっかり把握しておくことも「プロの仕事」なのだと思う。

僕の場合は、いったん極限状態まで緊張を高めて、それを落ち着かせることで、自分の力が発揮できるタイプなのだろう。

だから、僕にとって緊張は必要不可欠なものなのだ。

いつの日か、マウンドに向かっているというのに、まったく緊張しないというときがやってくるかもしれない。

これが漫画や映画だったら「俺もようやくその領域に達したのか……」と悟りを開いたような境地なのかもしれないが、僕の場合はきっと、その瞬間、まったく違うことを考えているのではないかと思う。

「あっ、俺はもう緊張せえへんねや……終わりやな、そろそろ」

緊張することによって、自分の力を引き出すタイプの人間にとって、まったく緊張しなくなってしまったら、もうおしまいだろう。

まだ、そんなことを感じる予兆すらないが、自分が引退を決めるときは、登板前に緊張しなくなってしまったときだろうと思っているのだ。

きっと、僕は一生「緊張を楽しむ」なんてことはできない。

でも、最後の瞬間まで緊張と上手につきあいながら、自分のベストな投球を引き出していきたいと思う。

一度はメジャーの誘いを断った理由

僕は2018年にFAでメジャーに行くことになったのだが、実はその4年前に最初にFAの権利を手にしたときにも、メジャーからオファーをもらっていた。

ただ、正直な話、それまでメジャー行きについてはまったく考えたことさえなかった。

このときに「メジャーが興味を持ってくれている」という話を聞いて、「あっ、そういう選択肢もあるのか」とはじめて視界に入ってきたぐらいだ。

メジャー志向でもなければ、メジャーへの憧れもなかった。それまで自分にとってのメジャーは「試合を見て楽しむもの」でしかなかったのだ。

ただ、ありがたかった。

一度も優勝したこともなければ、エースでもない地味な存在の僕を、わざわざアメリカから注目してくれる人がいるんだということに感激はした。

とてつもなくレベルの高いところから評価してもらえるということは、プレーヤーとしてうれしい以外にない。

しかし、「じゃあ、メジャーに行こうか」とはならなかった。ひょっとしたらそれを逃せば次のチャンスはないかもしれないが、そのときはそれでもいいと思っていた。

理由はふたつある。ひとつは高い評価こそしてもらえたけれど、条件面がそんなによくなかったこと。

正式にオファーを受けたわけではないので、交渉のテーブルについて話し合えばまた条件は変わったかもしれないが、最初に耳に入ってきた情報では、年俸はオリックスと同じか、ちょっと下がるかも……という感じだった。

「憧れのメジャーに行きたい」ということであれば、それでもOKだろうが、僕にとって野球は職業なのだから、いまよりも給料が下がるかもしれないのに、わざわざアメリカに渡る必要なんてないと考えた。

給料を下げてまで異国の地でチャレンジをする、というのは、プロ野球とは職業であるという僕の考え方に照らせば「無意味」である。あくまでも僕は、だけど。

もうひとつの理由は、下地を作らずに新しい挑戦をしてもダメだと思うから。それは僕の考え方に照らせば「無謀」である。

メジャーから声がかかったからといって、「じゃあ、行きます！」と飛びついたらどうなるか。僕は絶対に上手く行くはずがないと思った。

これは一般でいうところの「転職」に近いかもしれない。次に進みたい職場や職種に憧れても、いきなり飛びつくのは無謀だ。

しっかり調べたり、不安な点を解消したりして、なじめるような下地を作っておかないと、成功は望めないと思う。

僕の場合、メジャーに行く準備も心構えもできていなかったから、この選択肢はさすがになかった。慎重すぎるといわれるかもしれないが、それが僕の考え方だ。

「それでも若いうちにチャレンジしたほうが、いろいろと可能性が広がったんじゃないですか？」という人もいる。

考え方はいろいろあるだろうけど、少なくとも僕に関しては「いや、それはない」と断言できる。

あの時点でメジャーに行っていたら、たぶん打たれまくっていただろう。当時はストレートに自信があったので、基本はまっすぐで抑えるというピッチングをしていて、フォークボールの精度はそれほど求めていなかった。

その状態でアメリカに行って、ストレートで勝負しても、抑えられなかっただろう。それは現実を知ったいまだから言えることでもある。

それからの4年間で、ストレートの球速は徐々に落ちてきてしまった。しかし、そのためにフォークボールを磨く必要に迫られたのもある。

フォークがいい感じに投げられるようになり、空振りがとれるようになったことで、メジャー行きを検討できる状況が整ったといえる。

それは別にメジャーに行くことを強く意識して、下地を作ったというわけではない。ただ、1回目のオファーのおかげで新たな選択肢ができ、メジャーに適合できるようなピッチングを意識しながら自分のスタイルを変えていったというのはあるかもしれない。

こうして「地味なプロ野球選手」だった僕は、地味なイメージを纏《まと》ったまま、世界の檜《ひのき》舞台に立つこととなった。

［第4章］

誕生！「地味すぎるメジャーリーガー」

だから僕はダイヤモンドバックスを選んだ

2018年から僕はメジャーリーグのマウンドに立つこととなった。

4年前に一度、メジャーからの誘いは断った。

それ以降、頭の片隅にメジャーという選択肢はあったけれども、どうしてもメジャーに行きたいという思いがあったわけではない。

もっといえば2017年のシーズン中も、「来年はメジャーも視野に入れていこう」とはそこまで考えていなかった。

それは僕の中で「これは嫌だな」という考え方があったから。

来年からメジャーに行く、と心に決めた上で日本でのシーズンに臨むことだけは絶対に嫌だったのだ。

自分としても、それでは今年のシーズンに集中できないという思いがあった。「来年、メジャーに行くための1年」となってしまった場合、ちょっと自分の性格上、耐えられないだろうと。

さらに「どうやら来年からメジャーに行こうと思っているらしい」と周囲に漏れてしまったら、もっとやりにくくなる。

どんな結果になっても、そういう視線で見られるのは避けられないからだ。

どんなに気合いを入れて頑張っても、「メジャーからの評価を気にしているからだ」と思われるかもしれない。

調子が悪くて休んだりしても「来季のために体力をセーブしているんじゃないか?」と穿《うが》った見方をされかねない。実際、シーズン中に調整のため、2軍に落ちたりもしているから、余計に気になってしまう。

そういう1年にすることだけは、どうしても嫌だったから、自分からはなにも動かず、考えず、目の前の試合だけに集中した。

さすがにシーズンの途中からは「メジャーの何球団かが興味を持っているらしい」という話が耳に入ってきてしまうので、まったくの無関心ではいられなくなったが、逆に優勝を目指したいという気持ちが大きくなってきた。

先にも書いたが、僕はプロ入りしてから優勝を経験していない。

もし、メジャーに行くことになったら、それだけは大きな心残りとして日本に置いていくことになるわけで、それは本当に嫌だった。ほかの選手たちはFAを行使する前のシーズンではどんな気持ちで戦っているのだろう……そんなことも思った。

結局、2017年は4位に終わった。

オフに入るとメジャー球団からオファーが届きはじめる。

その中で真っ先に話が来たのがダイヤモンドバックス。

ものすごく失礼なことを書いてしまうが、これはもう想定外というか、正直「えっ？」という感じだった。

特に変な意味ではなく、それまでも代理人を通じて、なにかアクションがあったという話はまったく聞いていなかったし、本当に突然、飛びこんできたチーム名だったので、意表をつかれてしまった。

もっと失礼な言い方にはなるが、ダイヤモンドバックスは、日本のファンにとって、ほとんどなじみのない球団だ。

歴史の長いMLBではまだ新しいチームだし、本拠地のアリゾナという土地自体も、西海岸でも東海岸でもないから、どのあたりにあるのか、なにがあるのかピンと来ない。

僕も「アリゾナなんて行ったことないしなあ」と思ったが、実はWBCで1年前に行ったばかりだった。その事実を知っても「ああ、あそこか」ぐらいのボンヤリとした印象しか残っていない。本当に申し訳ないぐらい、ピンと来ていなかった。

あとで聞いた話では、日本担当のスカウトの方が僕のことをずっと見てくれていて、ものすごくプッシュしてくれたという。ありがたい話だ。

正直に書くと、いくつかの球団のオファーのなかから、最終的には2球団に絞った。

ひとつはダイヤモンドバックス。

もうひとつは日本のファンにもおなじみの人気球団。

提示された条件はほぼ同じだった。普通に考えれば、人気球団をチョイスすると思う。僕ですら、その球団の選手を何人も知っていたし、頭の中で入団したことを想像するだけで「ああ、すごいことになるな」と思った。

逆にダイヤモンドバックスのことはなにも知らない。ただ、真っ先に手をあげてくれたという点での好感度が高い。プロ入りするときのオリックスがそうだったように、僕としてはそういうところで気持ちがグッとくる部分がある。

そして、最初の交渉。

人気球団のほうもGMがテーブルに着いてくれた。

しかし、ダイヤモンドバックスのほうは、GMはもちろん、監督から首脳陣がズラッと揃っていた。

そして、なによりも熱意を感じた。熱意という言葉では足りない。

「この球団は本当に俺を必要としてくれているんだな」ということを感じさせるために、できることはすべてしてくれている。

なんと、球場での食事としてお寿司まで用意してくれていた。

すべてにおいて、その意気込みがひしひしと伝わってきた。

実際に「君はこういう形で使いたい」、「こういうポジションを空けて待っている」といった具体的なプランを監督同席の上で聞かせてくれた。

これで、気持ちは一気にダイヤモンドバックスに傾いた。

すっかり忘れていたのだが、マネージャーによると、僕は交渉の帰り道でこんなことをつぶやいていたという。

「やっぱり俺はこういう星の下に生まれたのかな。誰もがうらやむ人気球団から声をかけてもらったのに、地味なチームを選ぼうとしている」

こうして僕はダイヤモンドバックスの一員となった。

オリックスに戻らないのが「恩返し」

ダイヤモンドバックスへの入団発表会見は日本でやった。

僕はどういうやり方が普通なのかよくわかっていなかったのだが、どうやらアメリカでやるケースが多いようだ。

ただ、僕の場合、話がまとまったのが年末近くだったから、アメリカで会見を開くにしても、アリゾナの球団事務所がもう閉まっていて年内にはできなかった。

どっちにしても日本のメディア向けに会見は必要ではないかと話していたら、なんとオリックスの主催で会見を開いてくれるという話になった。

これもありがたい話だと思った。僕はもうオリックスを去って、来年からはメジャーへ行く人間なのだから。

もっといえば、オリックスからも契約更新のオファーがあった。それも「メジャーと交渉して話がまとまらなかったら、うちでやればいいから」と僕のメジャー挑戦をバックアップしてくれるような形でのオファーだった。

僕はオリックスの情熱と心意気に打たれて、プロ入りするときにこの球団を選んだのだけれども、こういう送り出し方、心の奥まで響く対応をしてもらって、僕の選択は間違っていなかったと再認識した。

10年ちょっとお世話になったが、こうやって会見の場まで設けてくれて、年末だというのに本部長まで来てくださって、大きな花束までいただいた。感謝しかない。

ダイヤモンドバックス1年目のシーズン中にも、オリックスの球団関係者がアメリカまで来てくれた。本当に温かく、ありがたいと思った。

こうして尽くしてくれるオリックスに対して、感謝より先に申し訳なさを感じてしまうのは、結局、僕が在籍しているあいだに一度も優勝できなかったからだ。

優勝に貢献できないままこうしてチームを去るのに、ここまでしてもらって、本当にいいのか、申し訳ないと。

そう考えたとき、メジャーである程度やったあとに、また日本に戻ってきて、オリックスでプレーすることが「恩返し」になるのかもしれないとも思った。

しかし、それも違うのだろう。**やっぱりメジャーで活躍して、アメリカで野球生活をまっとうすることが、本当の意味での恩返しになるのではないか。**

オリックスのみなさんにも「わざわざ送りだしたんだから、もっとやってもらわなくちゃ困るよ」と思われているだろう。

先のことはわからないが、「まだまだコイツ、できるじゃないか」と判断していただき、日本の球団からお声がかかったら、そのときはまた真剣に考えたいと思う。

ただ、いまはとりあえずアメリカでまだまだがんばっていくつもりだ。

アメリカのキャッチボールは痛くて怖い

メジャー1年目。

ここからまた新しい野球がはじまる。

初年度はビザの関係などもあって、キャンプイン直前にアメリカに渡ったが、ベストの状態でチームに合流できるように、日本でかなり仕上げていった。

日本でブルペンにも入って、しっかり投げこんでいたので、1年目からまるっきりアメリカ流でスタートしたというわけではない。

環境に関しては、すべてが手探りだった。どんなチームなのか？　監督やコーチはどんな感じで接してくるのか？　選手たちはどうなのか？

これぱっかりはキャンプがはじまってみないとなにもわからなかったが、根本的な部分では、もう何十年も野球をやってきたわけだし、そこで培った自分のやり方をブレずにやろうと決めていた。

だからこそ日本でしっかりと作りこんでいったのだった。しかし、キャンプ初日にいままで味わったことのない感覚に襲われた。

キャッチボールが怖いのだ。

アメリカの選手はものすごく球が速くて、なにげないキャッチボールでも恐怖を感じるほどだ。本当に。しかも近距離なのに、みんな、めちゃくちゃ思いっきり投げてくるし、ナチュラルで変化することもあって、もう痛いし、怖い。これがメジャーなのかと。

日本の場合、みんな綺麗にまっすぐな球を投げるから、相手も綺麗にキャッチできる。

このあたりはメジャーとの違いというか、日本人とアメリカ人の気性の違いを思い知らされた。阿吽《あうん》の呼吸みたいなものには、やっぱり日本人は優れている。

解決策は、なるべく優しそうな選手を見つけて、キャッチボールのパートナーにすること。冗談みたいな話だが本気だ。

その結果、恐怖心を感じずにキャッチボールができる相方を見つけることができたのだが、あとで聞いてみたら、彼も「穏やかに球を投げる選手を探していたから、君を指名したんだよ」ということだった。

第一歩目からメジャーとの「文化の違い」をまさに痛感させられた。

アメリカ流キャンプは管理型

ブルペンに入るようになると、今度はきっちりとした管理下で練習しているんだ、ということを思い知らされる。

最初の段階では「20球」。

1日に投げていい球数制限が、キッチリと決められている。

まだ、僕もよく理解できていなかったので、翌日も「20球」と言われたときに、いや、肩もできあがっているし、もうちょっと投げてもいいだろうと30球ぐらい投げてみたら、コーチがムッとした表情でこっちを睨《にら》んでいる。

「おい、お前、投げすぎだぞ」みたいな顔をしている。

本当に異様なまでに「投げすぎるな」という空気感だった。

あっ、そういうことなのかと、僕も「ごめん、ごめん。こっちでのやり方をよくわかっていなかったから」と謝った。

別に反発することもなく、これまでの僕の人生がそうだったように、ここでもメジャーのやり方に「順応する」ことを僕はチョイスした。

ここで変に反発してしまうと、いろいろとやりにくくなる。

それに日本でしっかりと体、ヒジ、そして肩を作ってきたので、最悪、キャンプでの球数が極端に少なくても「多少投げ込みが足りなくなっても大丈夫だ」という自信もあったし、練習試合やオープン戦で投げながらアジャストしていけばいいという気持ちで渡米していたので、上手いこと順応できた部分はある。

メジャーという派手な世界でプレーするにしても、**やっぱり目に見えない部分での地味な下準備は重要だ。**

キャンプ中の球数は日本でやっていたときよりもかなり減ってしまったけれども、それに関してストレスを感じることもなければ、過度な不安を覚えることもなかった。どんな環境にでも順応できる、というのは本当に最大の武器だと思う。

日本でやっていないことは「やらない」

メジャー流のやり方に「合わせる」。

こう書くと、なんだか、いままで自分がやってきたことをすべて否定して、メジャー流にひれ伏したようにとられてしまうかもしれないけれど、実際のところはけっしてそういう話ではない。

僕が合わせたのは、あくまでも「やり方」だけ。

あとは我流を通すというか、自分のやるべきことは、メジャー流のやり方の中でしっかりと消化してきたので、変なストレスはかからなかった。

わかりやすく書けば「日本でやっていることしかやらない」「日本でやっていないことはやらない」ということ。

球数だけでなく、ウエートトレーニングの回数もそうだった。

「今日はやらずに、投球練習をした日にまとめてやりなさい」のような指示には従ったが、内容については、僕がずっと日本でやってきた方法を変えなかった。

練習前のウォーミングアップも日本でやってきたことを、まるっきりそのままアメリカでもやった。そうすることで、多少、やり方やスケジュール感が変わってきても、自分のペースは乱されなかった。

面白いことに、そうやっていたらコーチも「どうやらコイツはこのまま放置していても大丈夫そうだな」と思ってくれたようで、途中からなにも言われなくなった。メジャーでは1年生だったが、もう34歳のベテランでもあったからだろう。

逆に僕が「ここはどうしたらいい?」とコーチに聞くと、ものすごく喜んで指示を出してくれた。そういうやりとりをしていくうちに、僕が日本で培ってきたことはやっぱり間違っていなかったんだなと確信できるようになった。

これまでのキャリアが間違っていなかった、ということは大きな自信にもつながる。その自信が新しい環境で活動していく上で、自分の軸になるのだ。

小学生からプロ野球まで、たくさんの指導者の方に出会い、さまざまな教えを受け、それを自分なりに解釈して、コツコツと努力を重ねてきた。

ひたすら地味な野球人生だったけど、そこで培ってきたものがメジャーで認められたのは本当にうれしいことだった。

また、あらためてこれまでの指導者への感謝の気持ちも強くなった。

そして、いまさらながら、ここまでやってきたことに無駄なことなどひとつもなかったと実感できた瞬間でもあった。

オープン戦で打たれた僕を救った「言葉」

こうして初のキャンプを経て迎えたオープン戦。

プロ入りしたときと同様、めちゃくちゃ打たれた。

投げるたびにホームランを1本は打たれていた感じだったので、さすがに自分でも投げながら「こりゃ、大丈夫かなあ」と思うレベルだった。

そんなときに日米で大活躍した長谷川滋利さんが来て、声をかけてくださった。

「ぜんぜん大丈夫やで。今は絶対に打たれるから。それにアリゾナやし、最初はフォークが落ちにくいやろ？　上原（浩治）もそうやった。フロリダでキャンプをやったあと、こっちに来たら、めちゃくちゃ打たれてた。俺も経験あるからわかるけど、この時期は打たれても心配することはないから、あんまり不安になるなよ」

僕の現状を知った上で言ってくれたこの言葉は、本当にありがたかった。

どれだけ自分が培ってきたものを信じていても、試合で結果が出せないと、どんどん不安だけが大きくなってくる。

それを過去の経験や先輩方の実例をあげた上で「だから大丈夫だ」と太鼓判を押していただけると、メンタル的にはものすごく大きな支えになる。

これはもうあとからメジャーに行った人間の強みといえるだろう。

いままで苦労されてきた先輩方の実体験を、こういう形でアドバイスとして授けてもらえるのは、とても心強かった。

たしかにそう言われてみれば、どれだけ打たれても試合では使ってもらえているし、首脳陣もこの段階でバカスカ打たれてしまうことは織り込み済みなのかもしれない。

不安ばかりの中で、ちょっとポジティブな考え方もできるようになった。するとと、少しだけ気持ちにも余裕が出てきて、「どうせなら打たれたいなあ」と思いながらオープン戦で投げるようになっていった。

というのも、僕のプロでのキャリアを振り返ると「オープン戦で打たれた年は開幕してから好調で、逆にオープン戦が絶好調な年は開幕したらめちゃくちゃアカンかった」というデータが明確に出ているからだ。

メジャーに来て1年目だし、そんなものはもう当てはまらないかと思いながらオープン戦を過ごしていたのだが、長谷川さんの言葉で、そういう考え方まで日本から「持ち込める」ようになった。

もちろんオープン戦とはいえ、打たれたら悔しいし、これでいいのかと悩むし、どんどん不安も大きくなっていくのだが、日本でプレーしていたときと同じような精神状態に戻してもらえたことは、僕にとって発想を転換する契機となった。

まさに僕を救ってくれたのは長谷川さんの言葉だった。

開幕戦。そこに「わくわく」はなかった

打たれっぱなしのオープン戦だったが、最後の最後になって、ようやくフィットするようになってきて、ラスト2試合はビシッと抑えることができた。僕自身、手ごたえを感じることができるピッチングだった。

それを首脳陣も評価してくれたのか、僕は本拠地のチェイス・フィールドでの開幕戦で、いきなり登板の機会を与えられた。

緊張した。

緊張しかなかった。

昔からメジャーに憧れていたのなら「やっと夢の舞台に立てた!」という感動もあったかもしれないが、僕にはそもそも憧れなどなかったから、そういった感情が生まれる余地もなかった。ひたすら緊張のみだった。

わくわくもなかった。

マウンドに向かうときにわくわくしたのは、プロに入ったばかりのときが最後だと思う。あのころは「さあ、プロの世界に足を踏み入れるぞ」というわくわく感があったけれども、その後、プロの世界で味わったのは「わくわく」よりも「しんどい」のほうが圧倒的に多かった。

もちろん、つらい思いをした経験のほうがより強烈に記憶の中に刻まれるということもあるのだろうが、そういった経験則がより不安を大きくした。

そういう意味では、本当に僕は普通の人間なんだと思う。

超人的な肉体や能力を持っているわけではないし、ごくごく普通の人間としてプロの世界で生きていくために、さまざまな環境に順応していく力を養い、ポジティブな考え方をするようにしてきた。

その力が発揮できるのは、あくまでも日々の練習の積み重ねがあってこそ。どんなに地味だと言われても、こればっかりは譲れない。

ひょっとしたら、もっと近道はあるのかもしれない。でも、確実に目的地に到達しようとしたら、地味でも一歩一歩、進んでいくしかない。

勘違いしてしまいがちなのは、たとえば「メジャーリーガーになりたい」という夢を持っていたとしたら、メジャーリーグの試合に出ることができても、それは「夢の入り口」でしかない。

そこからプレーを続けて、一定の結果を残してこそ、はじめて「夢が叶った」と言える。不安と緊張だけを抱えてマウンドに向かい、この日、ようやくメジャーリーガーとしての「入り口」に立ったのだった。

失敗なんて1日でチャラになる

僕は早い段階でセットアッパーを任せられ、5月26日から7月3日まで、26試合連続無失点記録をマークすることができた（日本人メジャーリーガーの記録は上原浩治さんの27試合連続無失点だ）。

これでやっと「こっちに来てよかったかな」と思えたし、少しは「こっちでもできるかな」と実感できた気がする。

ぶっちゃけた話をすれば、スポーツには少なからず運に左右される部分もあるので、まぐれで抑えられるときもあるのだ。

ただ、さすがに26試合連続でまぐれは続かない。

もちろん何試合かはまぐれというか、ラッキーなときがあった。しかし、少なからず自分の力で抑えられたと思う。

これは「本当にメジャーでやっていけるのかな」というオープン戦から続いていた不安を取り除いてくれるには十分すぎる結果だった。

ただ、あれは自分でもできすぎだと思っている。

上原さんの記録にあと1試合だったと言われたが、上原さんはそのときだけでなく、何度も20試合以上の連続無失点記録を残しているのだ。

本当に評価されるのは、そうやって繰り返し、結果を残してこそであり、たった1回しかそれだけの実績を残せていない僕などまだまだなのだ。

このままだと「たまたま1回だけ、調子がいいときがあった」で終わってしまうので、2020年はまたいい結果を残して、けっしてまぐれだけではなかったと思ってもらえるようにしないといけない。そう思っている。

せっかくいい記録をマークしたのに、なぜ、そんなにネガティブなことを言うのか？

と思われたかもしれない。もっと心から喜べばいいじゃないかと。

でも、自分の性格上、そして学生時代の経験上、「調子に乗りすぎると、そのあとのしっぺ返しが怖い」ということをわかっている。

だから、ネガティブなことを考えることで、あまり調子に乗りすぎないように、自分なりに「心の保険」をかけて生きているところがある。

その一方で常に前を向くことも心がけている。

誰だって失敗することは怖い。

26試合連続で抑えたということは、裏を返せば、その前の試合と、その後の試合では打たれてしまったということ。

失敗と失敗の狭間《はざま》に、記録が残っているだけの話だと思っている。

セットアッパーは打たれたらいけない仕事。抑えて当たり前だと見られている分、打たれてしまったときのダメージは、相当、大きいものがあるのだ。

たとえば5試合連続で抑えたとしても、次の試合で打たれてしまったら、それまでの「5」が「0」になってしまうぐらいに落ち込む。

ただ、セットアッパーの特性上、次の日にまた登板する機会がやってくる可能性も高い。

そこで抑えることができれば、また元に戻すことができる。

失敗することは怖いのだが、それを取り戻す機会があり、そこで成功すればチャラになる。いや、チャラどころかプラスに転じるのだ。失敗のあとの成功は希望を取り戻すことができるし、なによりも大きな自信をつかむことができる。

連続して失敗しないように心がけていけば、だんだん失敗は怖くなくなるし、失敗した原因を考えて反省し、自分の弱点を分析できれば、失敗はけっしてマイナス要因だけじゃないはずだ。

絶対に「次」がある。

そのときの失敗を繰り返さないようにするには、「失敗を恐れないこと」がもっとも重要になってくる。

昔から失敗ばかりしてきた僕だが、失敗があったからこそ、今でもマウンドに立てている。15年間、プロとして野球を続けてきた中で、唯一、誇れるのは「失敗しても、常に前を向いていた」ということだけだ。

失敗する、落ち込む、反省する、練習する。

次の機会に臨む、成功する、自信を得る。

もうずっと、これの繰り返しだ。

野球だけでなく、人生だって同じだと思う。

途中で投げ出すことはできないのだから、ずっと、これが続くのだ。

勝ちっぱなしの人生などありえないが、自分がしっかりと現状を把握し、努力さえ惜しまなければ、負けっぱなしの人生だってない。

結果として一歩でも、いや半歩でも前に進めていられれば、それでいいのではないか。

本当に地味な話ばかりになってしまうが、そうやって僕はメジャーでやっていく自信を少しずつ、積み重ねていったのだった。

アメリカでの生活に順応できたのは嫁のおかげ

野球に関しては順応できるとして、アメリカでの生活にはなかなかなじめなかったのではないのかと聞かれることが多い。

たしかに場所が場所なので、そう思うかもしれない。

これがニューヨークやロサンゼルスだったら、日本食のレストランや日本人向けのマーケットもあるので話が違ってくるが、アリゾナにはそういうものがまったくない。だから、もうそこは割り切って「アリゾナにないものはあきらめる。アリゾナにあるものでなんとかする」と考えた。

そういう考え方にすれば、どこに行っても、そんなに不便しないものだ。ないものはないのだから、仕方がないと。

でも、それは僕だけの理屈だ。

そんな環境でもなんとかやってこられたのは、やっぱり嫁が頑張ってくれたからだ。これにはもう感謝しかない。

アメリカに行くことが決まったとき、嫁は「嫌や。私、でけへん。英語もしゃべれないのに、アメリカで暮らすなんて……」と言った。

もし、彼女の気持ちが渡米後に折れてしまって、日本に帰ると言い出したりしたら、僕にも大きな影響が出ただろうし、嫁がしっかりしていなかったら、僕はここまでアメリカでできなかったと思う。

料理ひとつとっても彼女は苦戦したと思う。

日本だったらスーパーにいけば惣菜《そうざい》を売っているが、アリゾナにはそういうシステムのお店がなかった。

だから、なにからなにまで自分の手で作らなくてはいけない。僕がコンビニに売っていないものはあきらめる、というのとはレベルが違う話だ。

試合が終わって、遅く帰ってくる自分に合わせて、食事も作らなくてはいけない。そんな状況下で、僕は大きな体重の増減もなく、1年を通じてコンディションをずっとキープすることができた。

そこは彼女が持ち前の根性で頑張ってくれた。

正直言って、僕よりも嫁のほうがメンタルが強いのだ。

こんなことを書いたら彼女に怒られるかもしれないが、嫁もまた「地味」なタイプだと思っている。

それで救われているのは、派手な暮らしぶりをしない、ということ。

嫁はそもそも知り合った時点では、僕がプロ野球選手であることを知らなかった。だから、僕がメジャーリーガーになろうがこれまでとなにも変わらず、着ている服や持っているバッグも、そんなに高くないものばかりだ。

そういったものを買ってきて「いくらだったと思う？　こんなに安かったの！」と言って喜ぶ感覚を持ってくれているので、僕もいままでと変わらずにいられる。

自分もお金は遣わないほうだ。

株や投資は一切、やらない。

最近、変わったことといえば、コンビニでの買い物は値段を見ないで、ひょいひょい買うようになったことぐらいだろうか。

でも、服や靴はまだしっかりと値札をチェックしてからじゃないと買えない。

というように、金銭感覚は若いころからまったく変わっていないし、夫婦揃って、こんな感じなのである。

以前は体調管理とか、そんなにしてくれていた印象があまりなかったのだが、アメリカに行って、こんなにもいろいろやってくれていたんだと再認識することができた。

これにはもう素直に嫁に「ありがとう」と言うしかない。

きっと、僕ひとりだったら、どうにもならなかった。本当に家族の協力あってのメジャー行きだった。

無趣味なメジャーリーガーの地味すぎる日々

僕にはこれといって趣味がない。

たまにゴルフをやるぐらいだけど、趣味というほどでもないのだ。

プロに入った最初のオフに先輩の吉井理人さんにゴルフショップに連れていかれて、「ゴルフぐらいやらなくちゃダメだ」と道具を一通り、揃えさせられた。買ってくれるんかなぁ……と思っていたが、支払いは全部僕だった。もちろん笑い話だけど。

あとはショッピングぐらいか。

お金は遣わないと書いたばかりなので矛盾するようだが、そんなに贅沢なものを買うわけではないのだ。

大学のときからスニーカーが好き。それぐらいだろうか。

そもそもアリゾナだと、そんなに買い物するところもない。

昨年、日本に帰ってきたときに、マネージャーと「コートが欲しいな」ということになり、一緒に買いに行った。

すると、僕が選んだコートのほうが安くて「メジャーリーガーとしてのプライドはないんですか」と呆れられた。

しかもコートを買ったはいいが、アリゾナでは着る機会もなく、結局、1年後に日本に帰ってきて、はじめて袖を通した。

呆れられたで思い出したが、オフで日本にいるときは基本、電車移動だ。そっちのほうが時間も読めるし、間違いがないから。

取材などで呼ばれたときも、みなさん、僕が車で来ると思って駐車券とかを用意してくださるのだが、「いや、電車なんで」と言うと、「えーっ、メジャーリーガーなのに？」と驚きの反応が返ってくる。

みんなに夢を与えるという意味では、高級車で移動したほうがいいのだろうか。ただ電車で動いていれば、ふらっとショッピングを楽しむことができたりして、そっちのほうが僕にとっては楽しい……というか、ごくごく当たり前のことなのだ。電車の中には、いろいろな人がいて、「人間ウォッチング」をするのも飽きない。

アメリカでの移動は大変だろうと心配されることもよくある。

しかし、飛行機に乗っている時間も長くて4時間ぐらいだ。まあ、日本なら4時間あれば、北海道でも沖縄でも行けてしまうので、たしかに長いのだろう。

僕にとっては飛行機の中で映画を見たり、漫画を読んだりすることがリラックスタイムにもなっているので、逆にこれぐらいの時間がちょうどいい。

もし、たったの1時間で着いてしまったら、映画の1本も見られない。そんなの逆にイライラすると思う。映画の途中で降ろされるなんて……。

無趣味だから、ストレス解消法もこれといってない。

だから、ストレスはずっと溜めっぱなし状態になっているのかもしれないが、一度もそれが爆発したことはないので、人によってはストレスになる移動時間が、僕にとってはリラックスできて、逆にストレスを解消する時間になっているのかもしれない。

あとは長い遠征から帰ってきて、子供の顔を見るとなによりホッとする。

子供と遊んで、すぐに遠征に行って、そろそろ寂しいなあと思ったタイミングでまた帰ってきて子供に会う。

それが僕にとっては絶妙のバランスになっている。嫁と同様に、子供にも大いに助けられているわけだ。

75試合投げても疲労感がない理由

メジャー1年目のシーズンの終盤にはクローザーを任された。

もちろん、日本でも経験はあったのだが、いろいろな面でセットアッパーよりもクローザーのほうがしんどい。日本で投げているときも僕のほうから「クローザーをやりたいです」と言ったことなど一度もなかった。

ただ、絶対に僅差でリードした最終回に投げると決まっているのだから、考えようによってはクローザーのほうが調整しやすい部分もある。

中継ぎの場合、5回に投げるかもしれないし、8回に投げるかもしれない。場合によってはイニングまたぎになることもある。ゲームの流れによって、いつ、どこで声がかかるかわからないやりにくさがある。

ただ、中継ぎのほうが僕の性格的には合っていたのだろうと思う。

急に「行け！」と言われて、パッと出ていく。そのやり方が合っているのだ。いつ呼ばれるかわからないし、ものすごいピンチに立たされたタイミングで投げることもあるが、決まっているときを「待っている」よりはいいのだ。

クローザーの場合は、まさにそのときを「待っている」形だ。しかも打たれてしまったら、その瞬間にチームの勝利が消滅する。

これはもう、よっぽどメンタルが強い選手が担うべきポジションだとしか言いようがない。僕がクローザーに向いているかどうか、自分では判断できないが、とにかく「しんどい」のひとことに尽きる。

結局、メジャー1年目は75試合に登板した。

日本でもそこまでの登板数はなかったのだが、アウトひとつ（3分の1イニング）しか投げていない試合もあるので、疲労度は単純に比較できない。むしろ連投だったり、イニングまたぎがあったりした分、日本のほうが「投げた」という印象がある。

シーズンが終わったときに感じたのは、ダイヤモンドバックスはよく考えて起用してくれていたんだなということだ。

連投はこれ以上させないとか、球数はここまでで必ず終わらせるとか。故障しないように、疲労を蓄積しないように、しっかり管理してくれていた。

それもあって、75試合も投げたのに、「過去で一番登板数が多かったから、一番疲れた」という感覚にはならなかった。

もちろん、基本になるのは自己管理だ。僕が高校生のころからずっと意識してやってきた「自分で自分の体を知る」ということが実践できた。

当然、自分の体をすべてわかっているわけではない。いまでもケガはするし、細部までは把握できていないとは思うが、トレーナーさんに丸投げするのではなく、自分でも考えるのが大事だ。トレーナーさんともたくさん言葉を交わして、「僕の体はここがこうなので、こうしたらどうだろうか？」と意見を交換しながらマッサージをしてもらうだけでも、かなり違ってくると思う。

周りを見ていると、もったいないなあと感じることが多い。

僕なんかより、よっぽど能力があるのに、体をコントロールしきれなくて、なんとなくマッサージを受けて治ったような気がしてしまったのか、また故障をして、そのままフェードアウトしてしまうケースをけっこう見てきた。

学生のときからトレーナーさんに丸投げにしている人がいて、「このトレーナーさんと離れたらどうするんやろ？」と思っていたら、やっぱりダメになってしまったということもあった。しかし、これは言うほど簡単な問題でもない。

他人の体のことだから、正確なアドバイスができるとも限らない。「自分で自分の体を知ったほうがいいよ」とは伝えられるが、その真意が理解できるかどうかはわからない。

そういう僕だって、いまだに学生時代から試行錯誤を続けているのだから、すぐにどうこうできるようなものでもない。メジャーに来てから、あらためて「自分で自分の体を知る」ことの重要さ、ありがたみを感じている。

日本人の美徳は世界に通じる

海外に出なければわからないことといえば、「日本人として評価される」というものも実はある。

「メジャーリーガーのキャッチボールは怖い」という話をしたが、とにかくメジャーリーガーたちは「俺が、俺が！」が強いのだ。

過酷な競争社会なので、そうでなくては生き残っていけないという事情もあるのだが、たまにものすごく気を回してくれるチームメイトがいると、「へぇ、アメリカにもこういうタイプの人がいるんだ」と驚いてしまうぐらいだ。

逆に向こうの監督とかは、僕の「日本人ならでは」の特性というか、プレー以外の部分も褒めてくれることがある。

文句を言わない。

ダダをこねない。

黙々と投げる。

どれも僕たち日本人からすれば、ごく当たり前のことである。実際、一度も文句を言ったり、ダダをこねたりしたことはないのだが、1年目のシーズンが終わったときに、監督からその点をすごく感謝された。

「こちらが言ったことを淡々とこなして、いい仕事をしてくれた。本当にありがたく思っている」という意味だ。

日本人の勤勉さというのは昔から聞いてはいたが、実際に自分がこうやって褒められると、特に意識せずにいままでどおりに仕事をしているだけで、世界では高く評価されることもあるのだと気づかされた。

これはぜひ、「すべての自分が地味だと思っている日本人」に言いたいと思う。

俺たちの仕事は世界で通用するぞ。地味な人間でも世界は評価してくれるぞ。

珍しい分、日本での何倍も僕たちの「地味な仕事ぶり」を高く買ってくれる。ほかの国は知らないが、少なくともアメリカではそうだということがわかった。

昨年、ケガをしたときも監督にすごく謝られた。

「君は日本人だから、どこが痛いとか、休みたいとか、そちらからは言ってこない。だから我々が異変に気づいてあげなくてはいけないのに、それができなかった。本当に悪かった。申し訳ない」

そこまで気を配ってもらえたら、僕だってチームに感謝する。ものすごくいい関係性が築けたことで、よりよいプレーができたのだから。

2年目の苦戦。それは「欲」が原因だった

そのケガの話だが、本当の要因は僕にある。

1年目が終わって、ちょっと欲が出た。

さらに活躍するにはどうしたらいいのか？

そこで僕は「新しいボールを覚えよう」と考えてしまった。具体的にいえば、カーブを習得しようとしたのだ。

それが2年目のキャンプの段階の話だった。

これは完全に「油断」だった。もうひとつ変化球を覚えれば、少しは楽に戦えるんじゃないかと安易に考えてしまった。

これはピッチャーとして現役を続けている以上、逃れることのできない「葛藤《かっとう》」だ。これだけ長くピッチャーをやってきて球種を増やすことができなかったのだから、そんなに

簡単には新しい変化球を習得できるはずがない。

そんなことなど、自分でもよくわかってはいるのだ。

ただ、年齢を重ねて、徐々に球速が落ちていく中で戦っていくことを考えると、どうしても「新しい武器」が欲しくなる。

それはいまも変わらないし、その思いはこれからも強まっていくだろう。

実際にカーブの練習をはじめたが、投げ方が悪かったのだろうか、かなり早い時期から異変は感じていた。

ちょっと肩に違和感があり、いままでよりも疲れが溜まりやすくなってきたなという感じがあったのだ。

正直「いらんことしたなあ」と思った。

すぐにストレートとフォークだけに戻し、なんとなくいい感じに投げられるようになったのだが、無理をしたつもりはなくても、どこかに負担はかかっていて、そのツケがシーズン後半に出てしまった。

ヒジを傷めてＩＬ（Injured List＝負傷者リスト）入りとなったのだ。

１年目を終えたときに、「よし、来年もこのまま同じペースでいこう」と考えることができていれば、こんなことにはならなかった。

自分で自分の体を知ることに対してはストイックになれるし、生活面で贅沢しようとも思わないのだが、このタイプの自分の欲ばかりは、なかなかコントロールできない。なんとも皮肉な話である。

しかし、野球選手というのはどこか常に満足ができない人種である。もっと上手くなりたい、もっと上達したい、もっと上のレベルの野球がしたい……。もっとできるんじゃないかという考え方をする。それは向上心でもあるのだが、マイナーチェンジを繰り返すのは職業病ともいえる。

ただケガの功名というか、一度、登録抹消されたことで、メジャーのより深い部分を知ることもできた。

マイナーに行ってから戦列に戻るまでのプロセスがとにかく、しっかりと決まっているのだ。日本だと「行けるか？」「行けます！」みたいな感じで、選手の気持ちが優先される部分もあるのだが、メジャーの場合は「これ、どこかのステップを省略してもいいんちゃう？」と思ってしまうほど、これでもか、これでもかというぐらい時間を費やして経過を確認していく。

たしかにそのおかげで最後の数週間はしっかり投げることができた。だから、その点は「すごいなアメリカ、さすがだなメジャー」と感じた。

これぱかりは経験してみないとわからないことなので、ポジティブに考えれば少しはプラスもあった。

しかしやっぱりケガは嫌なので、体験は1回で十分だ。これを教訓に2020年は最初からストレートとフォークだけで勝負していくと決めている。

こんなに地味な僕でもメジャーになれたのだから

この本をプロ野球選手が読んでいるかどうかはわからないが、最後に若い選手に言いたいことがある。

「こんなに地味な僕でもメジャーでやれているんだから、少しでもメジャーでやってみたいと思っている選手はぜひチャレンジしてほしい！」

本当に、「あの平野ですら通用したんだから、俺ならもっとできる」とたくさんの選手に思ってもらえたら、僕がメジャーに行った意味があると、しみじみ思うのだ。

僕は上原さんが投げている試合をテレビで観ながら、「すげえなあ。これは俺なんかじゃ無理だ」と思っていた。

そんな僕がアメリカに渡り、2年間で130試合以上も投げることができた。

みんながみんな、メジャーに行く必要はないけれど、日本には僕よりもずっと若くて実力のあるピッチャーがたくさんいるわけで、僕のような存在が彼らの背中を押すことができれば幸いに思う。

なぜそう思うのかというと、日本人特有の落ちるボールとか、コントロールの良さとか洗練されたフィールディングといった細かい部分を評価してもらえるのは、僕よりも先にメジャーで活躍してきた先輩方が開拓し、定着させてくれたからなのだ。

さかのぼれば、野茂さんのあのフォークボールからはじまっている。

野茂さんのおかげで「日本人といえばフォークボールが得意」というイメージが世界中に広まったし、実際、世界の中でもフォークボールを切り札にしているピッチャーは日本人が圧倒的に多い。

セットアッパーとして日本人も通用するのだということを知らしめてくれた上原さんに

至るまで、たくさんの先輩方が作ってくれた道に、僕はあとから乗っかっただけだ。

本当にラッキーでしかないし、恵まれたことだと思う。

そうやって乗っからせていただいた以上、僕も若い選手たちに、ちゃんとつないでいきたいという気持ちがある。

近年、日本のプロ野球もいわゆる「データ野球」が進化しているが、やっぱりメジャーは一歩も二歩も先を行っている。

最初は「どうなんだろう？」と思った。

日本ではデータを頭に入れながらも、最終的には感覚で投げていた。だから、裏をかく、とか、タイミングをずらすといったことをやっていた。

ところが、メジャーではとにかくデータ最重視なのだ。

自分としては「ここはフォークで勝負したほうがいいんじゃないの？」と思っていても、データ的に「フォークが得意」となっていたら、そこはもうまっすぐで勝負する。

半信半疑だったが、本当にそのとおりの結果になることが多く、いまではなんの躊躇《ちゅうちょ》もなく、データどおりに投げている。ストレートが得意な選手にフォークを放ると面白いように空振りしてくれるのだ。

僕が日本を離れていた2年のあいだに、ひょっとしたら、日本のプロ野球もこれぐらいのレベルにまで達しているかもしれないが、こういう日本の常識とは違う野球を若い選手たちにも味わってもらいたいと思う。

チャレンジすることは素晴らしい

野球選手に限らず、チャレンジすること、挑戦することは素晴らしいと思う。

この本を読んでくださっている読者の方にも、たとえば転職しようとか、会社から独立しようとか、考えたり、悩んだりしている人がいるかもしれない。

そういう方たちがこの本をここまで読んでみて、いったいどういう感想を抱いたのかはわからないけれど、悩んでいるということは、もう心が新しい挑戦に傾いているということなのかもしれない。

だから、思いきってチャレンジしてはどうだろうか。

「お前はメジャーに行って結果を残してきたから、そんなことが言えるんだ」

おそらくそう思われる方もいるかもしれない。

たしかにそうかもしれない。そこで、もし僕がメジャーに挑戦して、失敗していたとしたら、後悔したのだろうかと考えてみた。

その答えはすぐに出た。失敗していても、後悔なんてしていない、と。

実はこれ、僕だけの話ではなく、メジャーに行った人がみんな口にする言葉なのだ。それこそ、結果を出せずに日本に帰ってきた選手も、ほとんどの人が「でも、行ってよかった」と言っている。

僕もまだメジャーの話が出る前に、ある選手にお会いしたときに「メジャーを考えてるなら、いますぐ行ったほうがいいよ！」と何度も勧められた。

これは実際にアメリカに渡って、メジャーを体感した人にしか口にできない言葉だと思うし、自分も2年間、経験してきた今だから、いろいろとわかることがある。

人生のゴールではないのだ。

「野球人生」という意味ではアメリカでのプレーがゴールになるかもしれないが、引退後も人生は続くのだ。

セカンドキャリアとして、どんな職業につくのかはわからないし、野球に関係する仕事になるかどうかもわからないが、メジャーでの経験、そしてアメリカでの生活というのは、これからの人生できっと糧になると思う。

もうひとつ言えるのが、もし、2年前にアメリカに渡ることなく、日本の球界でキャリアを終えていたら、きっと引退後に「なんで、あのときメジャーに行かなかったんだろう」と考えることになっていたと思う。

人生の転機は、タイミングだ。

たとえば、いま、ほかの会社からオファーがある方がいるとする。それはきっと、このタイミングであなたが欲しい、あなたが必要だ、ということでオファーがかかっているのだと僕は思う。

ただ、それはあくまでも「このタイミング」での話だ。

1年後まで待っていてくれるかどうかはわからない。もっといえば、1カ月後ですら状況が変わって「あの話はなかったことに……」と言われてしまう可能性だってある。

そういう意味でも、魅力的な未来に惹かれているのなら、思いきってチャレンジするのがいいと僕は思う。

そこから先の進め方は、それぞれ個人の考え方もあるだろう。僕の場合は、しっかりと下地ができていなければ、すぐには動かないというのはあるけれど。

メジャーに行っていなかったら、「挑戦などせずに、ひたすら安定を求める生き方もアリだ！」とこの本に書いていたかもしれない。

いや、メジャーに行っていなかったら、おそらく「地味にもほどがある」とばかりに、出版の話もなかっただろう。

そう思うと、チャレンジしたことで人生が大きく動いているのだということを、あらためて実感する。

信じられるバックボーンを作る

他人に挑戦しろといいながら、自分は下地ができていなかったら動かないというのは、一見、ものすごく矛盾しているように思えるかもしれない。

そこは説明を加えさせてもらうけれど、要は「下地」という意味をどうとらえるかだと思う。これは必ずしも、新しい職場で必要となる技術や知識を調べて、準備をしろという意味ではない。

むしろ、どんな職場でも、どんな職種にも応用できるようなことが「下地」だ。それがあれば、「いま」というタイミングのオファーにも応えられる。

「下地」というより「バックボーン」と表現したほうがわかりやすいかもしれない。

たとえば、僕にとってのバックボーンは学生時代にひたすら投げまくったことがそれにあたる。

高校時代など、毎日100球は投げこんでいた。

そんな姿を見た監督が、ほかの選手たちに「平野を見てみろ！　あれぐらい投げ込まないとフォームというのは固まってこないんだ。わかったか！」と指導しているのを聞いたことがある。

しかし、本当のところはそんな立派なことではなく、ただただ、たくさん投げておかないと不安で不安で仕方がなかっただけだった。

それならシャドーピッチングでいいじゃないかという人もいるが、僕にとってピッチングというのはリリースのタイミングがすべてなので、シャドーではその感覚がわからない。

だから、いまだにシャドーはやらない。

もうそのころには、「投げすぎはよくない」とか、「ランニングばかりしていても意味がない」という意見がずいぶんと広がってきていた。

でも僕は、投げ込みやランニングを完全に否定するのはどうだろうと思っている。

僕のピッチングもそうだが、毎日ランニングを完全にしっかりやってきた人は「俺はあれだけ走ってきたから、今、やっていける」と思っている。

やってきたことが自信になっているんだったら、それをわざわざ否定することなどないのではないか。

たとえ科学的な根拠がないとしても、その人にとっては自信の源であり、まさに信じることができるバックボーンになっているのだ。

メジャー1年目のキャンプであまり投げさせてもらえなかったという話を書いたが、それでもやってこられたのは、高校時代からあれだけ投げこんできた下地があるからだ。

だから、いま少しぐらい投げられなくてもなんとかなる、という揺るぎない自信があった。実際、そのバックボーンがなかったら、1日20球とか制限のつけられた練習では「本当に大丈夫か？」と不安になっていたはずだ。

もちろん、やりすぎはよくない。肩を壊してしまったら、元も子もないのだから。でも、それがその人にとって大事なバックボーンになっているのであれば、安易に否定すべきではないと思う。

では、僕のウィニングショットであるフォークボールは、どれだけの投げ込みで編みだされたのかを知りたい方もいると思う。

しかし、申し訳ないけれども、その期待には応えられそうもない。

別になにか奥義があって明かせないということではない。

実は学生時代に「フォークボールを使ってみたらどうか」と勧められて、試しに軽く投げてみたら、笑っちゃうぐらい簡単に落ちたのだ。僕のフォークボールは、試し投げで完成していたのだった。

当然、そこから何年にもわたってブラッシュアップしてはきたが、フォームとリリースは、なんの苦労もなく身についたものだった。

とはいえ、いままで投げたことのない球種を勧められて、それにトライしたからこそ、自分では可能性すら感じていなかった生涯の武器を手に入れることができたのだ。

だから、やっぱりチャレンジは大事だ。

地味×一所懸命＝メジャーリーガー

僕は座右の銘を聞かれたときに必ず『**一所懸命**』と答えている。

この言葉、実をいうと、高校時代の恩師からいただいたものだ。といっても野球部の監督ではなく、担任の先生だ。

先生が僕たちをちょっと皮肉った感じで「よく一生懸命という言葉を使うヤツがいるけれど、お前たちには無理だから。一生、懸命になんて生きられないだろ？　だから、ひとつのことを懸命にやりなさい。『一所懸命』だよ」と。

それを聞いたときに面白いと思って以来、ずっと座右の銘にしている。

僕にとって、がんばるひとつの所というのはもちろん野球だ。ただそれだけの意味ではなく、練習をやるときは懸命にやるが、やらないときは徹底的に遊ぼうとか、勉強をするときはしっかりやろうとか、少し広い意味にとって僕は使っていた。

人間、すべてにおいて完璧にこなすことなど難しいし、できないけれど、なにかひとつは絶対に取り柄があるはずだし、それを一所懸命にやればいいじゃないか、と。

地味にコツコツやってこられたのも、この言葉を実践しようという意識があったからだ。

本書を通してわかってもらえたと思うが、地味にやりつづけてきたこともまた、自分にとってのバックボーンのひとつだ。

「地味な人間なのにメジャーリーガーになれた」のではなく、地味に一所懸命やってきたからこそメジャーのマウンドに立てた。

実はこの本を書きはじめた時点では、まだ2020年シーズンをどのチームでプレーするかが決まっていなかった。

ありがたいことに、この2年間の実績を評価してくださる方がたくさんいて、今年もメジャーで、シアトル・マリナーズで投げることが決まった。

「地味」はもはや僕の代名詞だ。

その言葉の意味が、少しでもポジティブなものに変わっていくように、これからもコツコツとがんばっていきたい。

おわりに
感謝の気持ちを込めて

「ダイヤモンドバックスを選んで本当によかった！」

メジャー2年目のシーズンを終えての率直な感想だ。僕はまだメジャーリーグの球団について、ダイヤモンドバックスしか知らないので比較はできないのだが、ここまでキチンとデータで分析し、管理してくれるシステムというのは、日本では考えられないものだった。故障などのリスクを軽減するために、ありとあらゆる策を講じている。

当然、トレーナーさんはその情報を完全に把握し、適切に利用している。コーチもトレーナーさんからの助言に「分かった」と耳を傾け、最終的に監督が慎重に判断をする。

その根底に共通して流れているのが「選手ファースト」という価値観だ。

本当に悔しいことに優勝には届かなかったけれど、ダイヤモンドバックスでの2シーズンは、いずれも最後の最後のワイルドカード争いに加われたし、そういう大混戦の中でたくさんの試合で登板できたのは、得がたい経験になった。

ファンも温かかった。渡米前は「場所によっては、かなり観客の反応が厳しい」と聞かされていたので心配もしたが、雑音に悩まされることもなく集中して投げられた。

アリゾナは、日本人にとってそれほどなじみのある土地ではない。実際、在勤在住の日本人も少ない。本書でも「なにもない街」と書いてしまったが、まっさらな状態でアリゾナに来て、同胞に頼れない環境で生活を送れたのは自信になった。

おそらくもう、どのチームに移籍をして、どの街に住んでも大丈夫だと思う。そういう意味でも、最初のMLBがダイヤモンドバックスだったことに感謝したい。

そして、シアトル・マリナーズへ!

2年の契約を終えて、2020年にどこでプレーするかを決めるのには時間を要した。ダイヤモンドバックスからの残留要請を含む数球団から打診があった。

メジャーはシビアな世界。結果を残せなければ、声がかからないのはよくある話だ。

そう考えると複数のオファーは、この2年間の僕の仕事に対するひとつの「回答」であり「評価」だと思う。

そして、2020年、シアトル・マリナーズでプレーすることを決めた。

マリナーズは日本のファンのあいだでもっとも親しまれているチームのひとつなので、いままで以上に注目されると思う。

マリナーズといえば、イチローさんが会長付特別補佐兼インストラクターとして在籍されている。僕がオリックスに入団したとき、すでにイチローさんはメジャーに行かれていたが、オリックスのキャンプにやって来たイチローさんと紅白戦で対戦したことがある。

「平野？　地味すぎて覚えていないよ」

その話を聞かれたイチローさんがそう答えたと、ネットニュースの記事が伝えていた。僕がメジャーに行ったときのことだ。

本当に忘れられているのだと思っていたが、「ここで再会するなんて、なにか縁があるのかもね」とキャンプでお会いしたときに声をかけていただけた。

地味だ、地味だと言われつづけ、いまだに地味な存在ではあるけれども、ちゃんとイチローさんに認知されていたのは光栄なことだ。

今回の本では「地味であることを誇る」がテーマのひとつだった。

僕という地味なピッチャーがプロ野球選手になり、メジャーリーガーになり、複数のメジャー球団からオファーをいただくまでになった。

地味でも世界が求め、評価してくれた。

環境もガラッと変わるが、どこへ行っても順応できる自信はある。すでに2年間、メジャーで投げてきたという経験値もあるので、少しでもいいパフォーマンスを発揮できるように調整していくだけだ。

プロとして求められた以上の仕事をしっかりとこなしたいし、日本でのキャリアを含めて、一度も味わっていない優勝を目指していきたい。ワールドシリーズのマウンドから見る景色も知りたいし、メジャーに来たからには「世界一」の称号も手に入れたい。

この本の「つづき」として、地味なピッチャーが世界一の舞台に立つ姿をお見せすることができたら幸いだ。

2020年4月吉日　平野佳寿

TIGER

YOSHIHISA ★ HIRANO

平野佳寿《ひらのよしひさ》

★ ★ ★ ★ ★

1984年3月8日、京都府宇治市出身。小学3年生より野球を始める。京都府立鳥羽高校へ進学後に頭角を現し、甲子園球場のマウンドにも立つ。京産大を経て2005年大学生・社会人ドラフト希望枠でオリックス・バファローズに入団。1年目から開幕先発ローテ入りを果たす。プロ5年目の2010年に中継ぎに転向すると、2011年には最優秀中継ぎ投手、2014年には最多セーブのタイトルを獲得。2016年には史上3人目となる「通算100セーブ &100ホールド」を記録するなど、球界を代表する絶対的守護神に君臨。2017年には日本代表として第4回 WBC に出場をした。同年オフに海外 FA 権を行使し、MLB のアリゾナ・ダイヤモンドバックスへ移籍。1年目は中継ぎ・リリーフとして75試合登板、4勝3敗3セーブ、防御率2.44という素晴らしい成績を残し、翌19年シーズンも62試合に登板した。2020年からはシアトル・マリナーズでプレーしている。

地味を笑うな

平野佳寿（ひらの よしひさ）
令和２年５月10日　初版発行

協力　一般社団法人IWA JAPAN
総合プロデュース　内田康貴

巻頭イラスト　横山英史 Hideshi Yokoyama
著者撮影　橋本勝美
写真　Shutterstock／Adobe Stock
装丁　森田直／積田野麦（FROG KING STUDIO）
校正　玄冬書林
編集協力　小島和宏／菅野徹
編集　岩尾雅彦（ワニブックス）

発行者　横内正昭
編集人　青柳有紀
発行所　株式会社ワニブックス
〒150-8482
東京都渋谷区恵比寿4-4-9えびす大黒ビル
電話　03-5449-2711（代表）
03-5449-2716（編集部）
ワニブックスHP　http://www.wani.co.jp/
WANI BOOKOUT　http://www.wanibookout.com/
WANI BOOKS NewsCrunch　https://wanibooks-newscrunch.com

印刷所　株式会社　光邦
ＤＴＰ　株式会社 三協美術
製本所　ナショナル製本

ISBN 978-4-8470-9911-3